묻혀 있는
한국
현대사

묻혀 있는 한국 현대사

조선인 가미카제에서 김형욱 실종 사건까지,
기록과 증언으로 읽는 대한민국사

정운현 지음

인문서원

길 위의 역사, 묻힌 역사를 찾아서

1.

지난 역사는 후세에 의해 기록되고 평가된다. 문제는 그 기록과 평가가 제대로 된 것이냐는 점이다. 한 예로 『조선왕조실록』의 경우 사관(史官)이 기록한 것이 전부 사실이라고 보기 어렵다. 사관 개인의 입장과 견해가 반영된 것은 물론이요, 더러는 권력자의 입김이 작용하기도 했다.

근현대 100년사도 마찬가지다. 아니, 훨씬 더 심한 편이다. 식민 통치 하에서 사실(fact)을 제대로 기록하기는 어려웠을 것이다. 해방 후라고 별로 달라진 것도 없었다. 분단과 이념 갈등, 30년 넘은 오랜 독재 체제 하에서 우리 역사는 뒤틀리고 각색되었다. 더러는 분칠이 되고 정권의 입맛대로 씌어온 경우도 없지 않다.

대부분의 정사(正史)는 승자의 영웅담으로 과대 포장돼 도배질되었다. 반면 부끄럽고 감추고 싶은 역사는 변명, 미화, 왜곡, 축소 일변도였다. 일제 강점기 친일 배족(背族)의 역사는 해방 후 오랫동안 지하창고에 숨겨져 있었다. 친일파의 민낯이 세상에 드러난 것은 1990년 이후부터였다.

2.

역사는 역사책 속에만 있는 것이 아니다. 온 천지가 역사다. 사람이 발을 딛고 선 땅, 서로 부대끼며 살아온 산하가 전부 역사의 현장이다. 관심을 갖고 살펴보면 도로 위의 맨홀 뚜껑에도 역사가 존재한다. 그러나 이런 것에 주목하는 사람은 많지 않다.

해인사 홍제암 입구 비탈에 선 소나무에는 'V' 자가 새겨져 있다. 누군가 보기 좋으라고 새긴 것이 아니다. 일제의 삼림 수탈의 잔재요, 상흔이다. 그러나 아무도 그 사연을 가르쳐주지도 않고, 물으려 하는 이도 없다. 벌써 70년 세월이 흘렀건만 소나무만 비극의 역사를 간직하고 있을 뿐이다.

일제 때 서울 남산 중턱엔 조선신궁이 있었다. 전국의 학생들이 철마다 의무적으로 참배를 가야만 했으며, 규모 또한 엄청났다. 조선신궁 실물을 보거나 실제로 참배를 해야만 했던 사람은 이제 대부분 세상을 떠났다. 해방 후 철거된 이후 지금은 흔적도 없다. 그 자리엔 안중근의사기념관이 들어서 있다. 치욕의 역사도 역사건만 기억하고 기록하려는 자는 드물다.

3.

　묻히고 잊히고 감춰진 역사는 더 많다. 세상에 알려지고 기록된 것보다 어쩌면 더 많을지도 모른다. 역사적, 정치적으로 큰 사건은 대개가 미제 사건으로 남아 있다. 관련 자료는 대개 망실됐고, 증언자는 죽거나 입을 꾹 다물고 있다. 함부로 건드렸다가는 자칫 화를 입기 일쑤니 '감히' 손대려는 사람이 없다.

　언론매체에 보도되지 않은 것은 항간의 소문에 불과하다. 기록되지 않은 역사는 입에서 입으로 전해지는 지나간 얘기일 따름이다. 평가는 2차적인 문제다. 우선은 사실을 기록하여 후세에 전하는 것이 급선무다. 기록과 증언은 총칼보다 강하다. 깨진 기왓장 한 조각, 반 토막 난 비석 하나가 100명의 역사가보다 강한 힘을 발휘한다.

　끝으로 이 책은 다음카카오의 '스토리펀딩' 연재물을 엮은 것임을 밝혀둔다. 펀딩에 참가해주신 네티즌 여러분께 한없는 감사를 드린다. 아울러 이를 단행본으로 묶어 세상의 빛을 보게 해주신 인문서원 양진호 대표에게도 감사인사를 전한다.

2016년 5월
정운현

차례

최후의 레지스탕스,
이승만 암살을 시도하다

15년 감옥살이한 독립운동가 김시현이 훈장을 못 받은 이유

일제 치하에서의 감옥생활은 지금보다 훨씬 더 고통스러웠을 것이다. 게다가 일반 잡범이 아닌 정치범, 즉 독립운동가였다면 그 고통은 이루 말할 수 없었을 것이다. 배후세력을 불지 않거나 '범행'을 순순히 자백하지 않을 경우 구타는 기본이요, 물고문, 전기고문 등 온갖 탄압이 기다리고 있었기 때문이다. 독립운동가 가운데 모진 고문을 이기지 못해 옥사한 사람도 많다.

일제 때 독립운동을 하다가 6차례나 일경에 체포되어 무려 15년여의 옥고를 치른 항일투사가 있다. 의열단원 출신의 하구(何求) 김시현(金始顯, 1883~1966) 의사가 주인공이다. 김시현은 '거사-체포-투옥-석방'을 수차례 거듭했음에도 불구하고 해방 때까지 변절하지 않고 일관된 항일투쟁을 벌였다. 이런 김시현을 두고 '최후의

말년의 김시현 의사.

레지스탕스'라고 부르기도 한다. 그런데 김시현은 여태껏 건국훈
장을 받지 못했다. 이유가 뭘까?

김시현은 1883년 경북 안동에서 태어났다. 김시현의 고향 사람
들은 그의 '혀 짧은 소리'를 떠올리곤 한다. 이는 김시현이 일경으
로부터 혹독한 고문을 받으면서도 끝까지 비밀을 지키기 위해 자
신의 혀를 깨물어 발음이 부자연스런 데서 생긴 것이다. 김시현의
원래 호는 '학우(鶴右)'였는데 김시현을 수사하던 일본인 검사가
"(너의 독립운동은) 도대체 무엇을 구하려는가? 차라리 하구(何求)
가 좋겠다."고 빈정대자 아예 호를 '하구(何求)'로 바꾸었다고 한다.

16살이 되던 1899년 서울로 올라가 중교의숙(中橋義塾)에서 수학
한 그는 1908년 이후 교남교육회에 가입하여 활동했다. 1911년,
27살의 늦은 나이에 뒤늦게 일본 유학길에 오른 그는 메이지(明治)
대학 전문부를 거쳐 법학과를 졸업한 후 1917년 귀국했다. 그는

의열투쟁 독립운동가 가운데 드물게 지식인 출신이었다.

1919년 3·1혁명이 일어나자 이에 가담했다가 상주헌병대에 두 달 정도 구금되었는데 그로선 첫 감옥살이었다. 1919년 5월 상해를 거쳐 만주로 망명한 그는 김좌진, 황상규, 장건상, 김원봉 등과 접촉하면서 본격적인 항일투쟁에 뛰어들었다. 이로부터 시작된 그의 국내 침투와 체포, 망명생활은 해방 때까지 다람쥐 쳇바퀴 돌듯 계속되었다.

1920년 9월 의열단의 제1차 국내 폭탄 반입에 가담했다가 대구에서 체포된 김시현은 대구형무소에서 1년 간 옥고를 치렀다. 두 번째 감옥살이었다. 출옥하자마자 다시 상해로 망명한 김시현은 고려공산당에 입당한 후 모스크바에서 열린 극동인민대표회의에 참가했다. 여기서 김시현은 평생의 동지요 반려자인 '신여성' 권애라(權愛羅, 1897~1973)를 만났고 상해로 돌아온 후 정식 결혼했다.

1922년 1월 12일에 있었던 김상옥의 종로경찰서 폭탄투척 거사가 소기의 성과를 거두지 못하자 의열단에서는 새로운 공작을 계획했다. 1923년 2월, 의열단은 독립운동 사상 최대 규모의 거사를 통해 일제의 주요 침략기관 폭파와 요인 암살을 계획했다. 당초 이 계획은 3·1혁명 4주년을 기념하여 1923년 3월 1일을 기해 조선총독부와 동양척식주식회사, 조선은행, 매일신보사 등 침략 전위기관을 폭파함으로써 침체되어가는 대일항전 의욕을 되살리고자 했다.

수차례에 걸친 거사에서 폭탄 불발로 인한 타격과 함께 폭탄 대량수급의 필요성을 절감한 의열단은 직접 폭탄 제조에 나섰다.

1923년 초부터 상해 프랑스 조계 안에 비밀 아지트를 두고 외국인 폭탄 기술자를 초빙하여 폭탄 제조에 착수했다. 2월 초, 김시현은 중국 천진에서 의열단장 김원봉으로부터 대량의 폭탄과 무기, 그리고 신채호가 작성한 '조선혁명선언' 등을 전달받았다. 그는 국내 반입 책임을 맡았는데 일경의 감시를 뚫고 이 많은 무기들을 들여오기란 여간 어려운 일이 아니었다.

이 무렵 국내에서 탐문 활동을 하고 있던 김시현 앞에 한 낯선 인물이 나타났다. 경기도 경찰부 고등과 소속의 황옥(黃鈺) 경부(警部, 현 경정)였다. 황옥은 총독부 경무국장 마루야마(丸山鶴吉)의 밀명을 받고 의열단의 정체를 파악하기 위해 사업가로 위장한 인물이었다. 2월 5일 마루야마 경무국장에게 불려간 황옥은 그날로 총독부 경무국 소속으로 발령이 났는데 그는 장기 병가(病暇)를 제출하고는 이후 중국으로 파견되었다.

당시 일경은 김시현의 정체를 파악하고 있었으나 더 많은 정보를 더 얻어내기 위하여 일부러 놓아주고는 동태를 감시했다. 황옥은 김시현에게 접근했고, 김시현은 김시현대로 그를 활용할 목적이었다. 두 사람은 아편밀수 동업자로 의기투합했는데 자금과 아편 수집 및 국내 판로는 김시현이 맡고 아편 국내 반입은 황옥이 맡기로 했다. 두 사람은 그해 2월 15일 경성역(서울역)에서 봉천행 열차를 탔다. 서로 다른 목적을 가진 두 사람이 한 기차에 나란히 오른 것이었다.

압록강 철교를 건너 안동(安東)에 도착하자 김시현은 황옥을 여관으로 유인하여 사흘 동안 감금한 후 설득 끝에 의열단원으로

포섭하는 데 성공했다. 황옥은 마루야마 경무국장에게 의열단 본부에 잠입한다고 거짓 보고를 하고는 의열단원 유석현의 안내로 2월 21일 봉천으로 가 2월 24일 프랑스 조계에서 의열단장 김원봉과 접견했다. 그 무렵 의열단은 이륭양행에 숨겨둔 폭탄과 권총, 선전문 등을 안동현 육도구에 있는 조선일보 안동지국장 홍종우 집으로 옮겨놓고 마지막으로 국내 반입 방법을 숙의하고 있었다.

폭탄 반입 계획은 순조롭게 진행되었다. 김시현을 비롯해 황옥, 권동산, 김재진 등은 3월 22일 새벽 6시 열차로 폭탄과 권총 5정, 전단 100매를 넣은 가방을 들고 압록강을 건넜다. 신의주에 도착하자 이들은 역 인근에 여관을 잡았다. 그런데 여기서 문제가 생겼다. 일행 중에 밀고자(김두형)가 생겨 관련자들이 속속 체포되었다. 김시현과 황옥 역시 서울행 열차 안에서 체포되었다. 이것이 이른바 의열단 사건(또는 황옥 경부 사건)이다.

1923년 4월 12일자 「동아일보」 호외는 전면에 걸쳐 이 사건의 중간수사 결과를 대대적으로 보도했다. 의열단장 김원봉과 국내 행동책임자인 김시현의 대형 얼굴 사진을 실었으며, 의열단이 국내로 반입하려 했던 3종류의 폭탄에 대해 소상히 소개했다. 기사 일부를 읽어보자.

> 의열단에서 사용코자 하던 폭발탄 중에 이번에 압수된 것은
> 파괴용, 방화용, 암살용 3종류로 도합 36개가 경찰서에 압수
> 되고 기타 권총 5자루와 실탄 155발 기타 폭발탄에 장치하는
> 시계가 6개인데 이번에 압수한 폭발탄은 3가지가 다 최신식

1923년 8월 경성지방법원에서 열린 '황옥 경부 폭탄 사건' 재판에서 황옥(왼쪽)과 김시현이 나란히 앉아 있다.

으로 만든 것이다. 파괴용은 벽돌집 벽을 뚫고 들어가서 그 속에 폭발이 되는 동시에 일시에 건물이 무너지는 맹렬한 힘을 가지고 있으며, 그 모양은 둥그런 모과통 같은 형태로 만들어 그 속에는 '제림나이트'라는 맹렬한 폭발약을 집어넣고 폭발하는 장치는 시계를 그 폭발탄 도화선에 연락하여 몇 시간 후에 폭발하게 하든지 그 목적하는 시간을 예정하여 장치하는 것이며, 방화용은 그 형태를 대추씨 모양으로 만들고 그 속에는 중모래와 같고 폭발하는 힘이 가장 많은 화약을 집어넣어 목적한 곳을 향해 던지면 폭발하게 만들어 한번 폭발하면 강철조각이 사방으로 흩어지고 불길이 맹렬히 일어나서 사방이 불천지가 되는 동시에 건물을 태우게 하며 사람이 상하는 방화와 암살을 겸한 것이며, 암살용은 갸름한 병 모양으로 만들어 그 속에 독한 황린(黃燐)을 넣어 역시 목적한 곳을 향해 던지면 폭발하는 것인데 폭발하면 강철조각이 사방으로 흩어지는 동시에 그것보다도 더 독한 것은 그 속에 넣은 황린이 폭발하여 사람의 몸에 조금이라도 스치기만 하면 그 사람은 황린 독기로 인하여 즉사하는 무서운 장치를 한 것이라 한다…….

_「동아일보」 1923년 4월 12일자.

의열단 사건은 일제 당국에게 큰 충격을 주었다. 거사를 위해 반입하려던 무기의 종류와 규모도 엄청났거니와 일행 중에 총독부 소속 고등계 경찰이 포함돼 있다는 사실 때문이었다. 일제는 총독부 경무국을 비롯해 경기도 경찰부, 평안북도 경찰부, 신의주경찰서 등이 총동원돼 수사에 나섰다. 일제는 이 사건을 공산당과 연계된 적화(赤化)혁명으로 몰아붙이고는 대대적인 탄압에 나섰다. 의열단 사건으로 김시현은 10년형을 선고받고 5년 5개월 간 복역했다. 세 번째 감옥살이였다.

1929년 출옥한 김시현은 곧바로 길림으로 망명하여 그곳에서 독립군양성소 설립을 추진하다가 중국 관헌에게 체포돼 다시 3개월 동안 고초를 겪었다. 그 후 중국 본토로 이동하여 1932년 의열단 지도부와 재결합했는데 당시 의열단은 남경에서 조선혁명군사정치간부학교를 설립해 초급장교를 양성하고 있었다. 김시현은 북경 지역에서 학생모집 활동을 하는 한편, 동지와 함께 한삭평이라

'의열단 사건'을 대서특필한 1923년 4월 12일자 「동아일보」 호외.

는 배신자를 처단하러 나섰다가 살인미수 혐의로 체포돼 1935년 징역 5년을 선고받고 일본 나가사키형무소에 수감되었다. 1939년 9월 출옥 후 이듬해 4월 다시 북경으로 건너갔다.

1940년대 들어서도 김시현은 항일투쟁과 체포, 구속, 수감 생활을 되풀이했다. 1941년 국내와 북경을 오가며 항일투쟁을 벌이다 체포돼 일본영사관 구치감에서 약 1년 간 미결수로 구금돼 있었다. 이후 경성헌병대로 이감됐다가 병보석으로 풀려난 김 의사는 또다시 북경으로 탈출했고, 항일민족전선군을 조직하고자 노력했다. 그러다가 1944년 북경헌병대에 또다시 체포되어 1년 간 수감 생활을 하다가 1945년 서울로 이송되었고, 1945년 8월 15일 일제가 패망하면서 비로소 자유의 몸이 되었다.

김시현은 서울헌병대에서 해방을 맞았는데 해방 후에도 투쟁은 계속됐다. 그는 통일국가 수립운동과 반독재 민주화운동을 위해 또 다시 최전선에 나섰다. 해방정국 초기에는 직접적인 정치 활동보다는 해외 귀환동포 구원사업을 위해 '고려동지회'를 조직해 회장으로 활동했다.

그러나 1947년 미-소간의 이해관계 충돌로 자주적인 통일 민족국가 수립이 어렵게 되자 결국 정치활동에 직접 나섰다. 김시현은 좌우합작을 통해 통일국가를 수립해야 한다는 인식 아래 좌우합작운동을 벌였다. 그는 남북한 총선거를 통한 통일국가 수립 노선을 지지하는 민족자주연맹의 간부로 활동했다.

1950년 5월에 실시된 제2대 국회의원 선거에서 김시현은 민주국민당 소속으로 고향 안동에서 출마하여 당선되었다. 2대 국회는

의열단 사건으로 구속되어 5년여 동안 복역한 후 석방된 김시현 의사(「동아일보」, 1929년 1월 31일자).

6월 19일 개원했는데 불과 일주일도 안 돼 한국전쟁이 발발하면서 사실상 제 역할을 하지 못했다. 개전 직후 미처 남쪽으로 피신하지 못해 인민군에 연행된 김시현은 북한의 고위간부들과 동족상잔의 전쟁을 끝내는 방법 등에 대해 의견을 나누면서 전쟁 종식을 위해 노력했다.

1952년 5월, 김시현은 갑자기 민주국민당을 탈당했다. 그는 전쟁의 참상과 도탄에 빠진 민중들의 현실을 통탄하면서 중대결단을 했다. 그는 일제 때 맹렬히 항일투쟁을 전개한 독립운동가들을 소외시키고 친일 경력이 있는 자들을 권력의 핵심에 기용하는 이승만 대통령을 맹렬히 비판했다. 국가가 위기에 빠졌음에도 불구하고 정권 연장을 위한 술책에 골몰하고 있는 이승만을 지켜보면서 김시현은 마침내 이승만을 제거하기로 결심했다.

1952년 6월 25일.

임시수도가 있던 부산 충무로 광장에서 '한국전쟁 2주년 기념식 및 북진결의대회'가 열렸다. 이날 행사에는 정관계 요인, 군 장병, 외교사절을 비롯해 부산 시민과 전국에서 모여든 피난민 등 6,000여 명이 참석했다.

오전 10시 50분 무렵, 이승만 대통령의 연설이 중간쯤에 이르렀을 무렵 단상 귀빈석에 앉아 있던 연회색 양복 차림의 예순 살쯤 돼 보이는 한 노인이 갑자기 연단을 향해 뛰어나갔다. 연단 3미터 정도까지 접근한 노인은 이승만의 등 뒤에서 독일제 엘필트 권총을 겨누고 방아쇠를 당겼다.

그러나 두 번, 세 번 방아쇠를 당겨도 총알은 발사되지 않았다. 불발이었다. 그가 두세 차례나 권총 격발을 시도하는 동안에도 이 대통령은 연설 원고를 읽고 있었다. 연단 좌우에서 호위하는 헌병은 앞을 향하고 있었던 데다 마침 헌병 바로 옆에서 사진기자로 보이는 한 남성이 이 대통령의 연설 장면을 촬영하고 있어 아무도 이를 눈치 채지 못했던 것이다.

그러나 '범인'은 현장에서 경호경찰들에게 체포되었고 신원도 곧 밝혀졌다. 범인은 대구 출신으로, 일제 때 의열단에서 군자금 모집 활동을 했던 유시태(柳時泰)로 드러났다. 더 놀라운 것은 배후 인물이었다. 사건 다음 날인 26일 이범석 내무장관은 유시태의 배후조종 인물로 국회의원 김시현을 체포했다고 발표했다. 유시태는 이날 김시현의 양복을 빌려 입고 의원 신분증을 보여주고 귀빈석에 들어갔다. 권총은 중절모 속에 감추었다.

일제하 항일투사에서 정치가로 변신한 김시현은 제2대 대통령

선거를 앞두고 이승만이 백골단 등을 동원해 각종 테러를 자행하자 '평생 동지' 유시태와 함께 이승만을 처단하기로 결심했다. 특히 김시현은 백범 김구의 죽음이 이승만의 지시로 이뤄졌다고 믿고 응징해야겠다는 생각을 갖고 있던 터였다.

당시 김시현의 수행원으로 사건 당일 새벽 현장답사까지 동행했던 권오상은 평소 김시현이 이승만을 두고 "민족을 버리고 간 놈이 무슨 대통령이냐, 역적이지. 죽여버리겠다."고 말하곤 했다고 회고했다. 1988년에 작고한 전(前) 부산대 정치학과 교수 이종률이 생전에 김시현을 만나 메모한 회고담 가운데 당시 김시현이 유시태와 나눈 대화 한 토막을 소개한다.

> 김시현 : 맹자도 살인한 자는 왕이 될 수 없다고 했듯이 사람의 생명을 빼앗는 것이 좋은 일은 아니야. 그러나 그대로 두면 수많은 백성과 애국자가 죽게 되니 그대로 결행하세!
>
> 유시태 : 한 번도 진실한 애국자가 되어 본 일이 없는 그(이승만)이니 이번에 자기의 생명을 내어놓음으로써 비로소 한 번 애국자 노릇을 하라고 하지.

2015년 4월 「뉴욕한국일보」는 미국 뉴저지에 거주하는 교포 김태진이 소장하고 있던 '대한민국 방첩대(CIC) 사진첩'에 수록된 유시태의 거사 장면을 입수해 공개했다. 사진 하단에는 영어로 "암살을 시도한 남성의 이름은 유시태로, 이 전 대통령을 저격(Snipe)

유시태(왼쪽 원내)가 연설 중인 이승만 대통령을 향해 권총을 겨누고 있는 장면(재미교포 김태진 소장).

하려 하고 있다."는 설명을 달았다. 또 당시 김시현 의원이 이끌던 12인의 반정부 조직이 이번 사건을 주도했다는 내용도 함께 소개했다.

김시현은 재판에서 "이 대통령은 독재자이며 정실인사를 일삼을 뿐만 아니라 민생 문제를 해결할 역량도 없다. 6·25 발발 6개월 전부터 북한은 전쟁 준비로 분주했음에도 정보에 어두웠다는 것은 정부의 직무유기"라고 질타했다.

두 사람은 1953년 사형선고를 받았으나 이듬해 무기징역으로 감형되었다. 그러던 중 1960년 4·19혁명으로 이승만 정권이 무너지자 복역 만 7년 10개월 만인 1960년 4월 28일 석방되었고, 두 달 뒤인 6월 25일에는 '특별사면'을 받았다. 함께 풀려난 유시

政治犯 석방 第一號

金始顯 氏

大統領
犯彝未遂

28日釜山서 無期服役中 七年만에

【釜山】어〈李永晩〉大統領의 犯彝未遂로 無期懲役을 받고 부산형무소에서 복역하던 「大·二五」政治犯 김시현(金始顯)씨는 기념석방령에 의하여 「二十八」日서 부산형무소에서 당시 사령관으로 사령선고를 받았던 「이」박사의 수감되었던 길〈金始顯〉씨는 二八일 전송으로 석방하려 하자 수감되었던 부산형무소에서 四七五五번「긴」씨는 지금으로부터

4·19혁명 직후 김시현은 '정치범 석방 제1호'로 부산형무소에서 풀려났다(『경향신문』, 1960년 4월 29일자).

태는 "그때 권총이 발사됐더라면 수많은 학생이 피를 흘리지 않았을 터인데, 그것이 한(恨)이다."라고 출소 소감을 밝혔다.

　김시현의 집안은 전체가 독립운동가 출신이다. 김시현의 부친은 구한말 의병 활동을 했으며, 둘째 동생 정현(禎顯)은 중국에서 독립운동을 하다가 관동군에게 처형돼 유해조차 찾지 못한 상황이다.

　김 의사가 평생 '동지'라고 불렀던 아내 권애라 역시 독립운동가 출신이다. 1897년 경기도 강화에서 출생한 권애라는 개성 호수돈여학교 재학 중에 3·1혁명에 참가했다가 징역 6개월을 선고받고 서대문형무소에서 복역했다. 그 후 이화학당을 졸업하고 상해로 건너가 애국부인회 등에서 활약했으며 신경(新京, 오늘날 장춘)감옥에서 해방을 맞았다. 1973년에 타계한 권애란은 1990년 정부로부터 건국훈장 애국장(4등급)을 추서받았다.

앞에서 소개한 대로 김시현은 의열단 활동 등 뚜렷한 독립운동 공적이 있음에도 불구하고 여태까지 서훈을 받지 못했다. 이는 전적으로 '이승만 대통령 암살미수 사건'에 연루된 전과 때문이다. 상훈법 규정에는 '3년 이상 징역이나 금고형을 받은 자는 포상받을 수 없다'고 돼 있다.

2000년대 초에 세상을 떠난 김시현 의사의 아들 김봉년(金峯年)은 생전에 "부친의 이승만 전 대통령 암살미수 사건 관련 부분은 당국으로부터 특별사면을 받은 만큼 원인무효가 됐다고 본다."며 "그동안 보훈처, 청와대 등에 진정해봤지만 별다른 성과가 없어 서울행정법원에 행정소송을 제기해놓은 상태"라고 필자에게 밝힌 바 있다.

4·19혁명 후 감옥에서 풀려난 김시현은 1960년 제5대 민의원 선거에 무소속으로 출마하여 당선되었으나 1961년 5·16쿠데타 이후 정계에서 물러났다. 이후 서울 불광동 자택에서 노년을 보내다가 1966년 83세를 일기로 파란만장한 생을 마감했다.

국내외를 오가며 항일투쟁을 하다가 반평생을 감옥에서 보냈고, 해방 후에는 다시 반독재 투쟁을 벌이다 다시 근 8년을 감옥에서 보낸 김시현 의사. 같은 독립운동가라도 훈장을 받은 사람만 인정받고 대접받는 사회에서 김시현의 이름 석 자는 설 자리를 잃었다. 그는 임종을 앞두고 아내에게 다음과 같은 유언 한마디를 남겼다.

"권 동지, 미안하오. 내가 그래도 조국독립을 위해 몸 바쳐 투
쟁했는데도 반쪽 독립밖에 이룩하지 못했소. 남은 여생을 조
국통일 사업에 이바지해주오."

참고로, 김시현을 도운 총독부 경찰 출신의 황옥 역시 현재까지
독립투사로 인정받지 못한 상태다. 그가 일제를 상대로 첩보 활동
을 한 '위장 친일파'였는지, 아니면 의열단에 잠입한 '일제 앞잡
이'였는지를 두고 논란이 남아 있기 때문이다. 황옥은 재판 때 최
후변론을 통해 "경찰 관리로서 임무를 완수하기 위해 노력했고
성공하면 경시까지 시켜줄 것이라 굳게 믿었다."고 말했다. 또 당
시 전 경찰부장 시로가미 유키치는 "의열단을 일망타진하기 위해
황옥을 침투시켰다."고 인정했다. 다만 이 때문에 그를 친일파로
단정 지을 수는 없다고 보는 견해도 있다. 황옥 연구자인 황용건
은 "황옥이 의열단의 비밀을 지키기 위해 (재판정에서) 거짓진술
을 했을 수 있다."고 주장했다.

2

부르지 못한 아리랑,
뒤틀린 '벚꽃엔딩'

사쿠라꽃으로 부서진 조선인 가미카제 특공대들의 비극

지난 2001년 일본에서 「호타루」라는 영화가 상영돼 적잖은 반향을 불러 일으켰다. 호타루는 우리말로 반딧불이라는 뜻이다. 이영화는 탁경현(卓庚鉉)이라는 한 조선 청년의 이야기를 담고 있다. 그는 1945년 5월 11일 자살특공대 전투기에 폭탄을 싣고 미군 함대로 돌진했다가 오키나와 해상에서 삶을 마감했다. 그의 나이 스물넷이었다.

역사는 탁경현과 같은 청년들을 '가미카제(神風) 특공대'라고 부른다. 전사 후 탁경현은 일본 도쿄 시내에 있는 야스쿠니(靖國) 신사에 합사돼 일본의 극우파들로부터 '군신(軍神)'으로 추앙받고 있다. 2007년 5월 탁경현의 고향인 경남 사천에서 뜻있는 일본인들의 주도로 그의 위령비를 건립하려다 친일 논란이 불거지면서 결

조선인 가미카제 특공대 탁경현.

국 무산되었다.

진달래가 한국을 상징하는 꽃이라면 일본을 상징하는 꽃은 사쿠라(벚꽃)다. 한꺼번에 피었다가 한꺼번에 지는 속성을 가진 사쿠라는 일본인의 민족성을 잘 나타내고 있다. '가미카제'들의 허망한 죽음을 두고 일본 군국주의자들은 '사쿠라꽃(華)이 지(散)듯' 나라를 위해 목숨을 바쳤다고 해서 '산화(散華)'라고 불렀다.

일본인 문화인류학자 오누키 에미코(大貫惠美子)는 『사쿠라가 지다 젊음도 지다』(모멘토, 2004)라는 책에서 일제가 사쿠라를 어떻게 침략전쟁의 상징으로 활용했는지를 분석한 바 있다. 이에 따르면, 사쿠라꽃은 19세기 말부터 병사들을 죽음으로 내모는 '악의 꽃'이되어 태평양전쟁 말기에는 가미카제 특공대의 상징으로 활용되었다. 청일전쟁과 러일전쟁을 거치면서 수많은 청년들의 희생이 필요해지자 일제는 '천황, 즉 국가를 위한 희생'이라는 사생관(死生觀)

출격하는 가미카제 특공대원들에게 여고생들이 사쿠라꽃을 흔들며 전송하는 모습.

을 조장했는데 이는 중세의 무사도 정신을 근대화시킨 개념이다.

태평양전쟁이 절정에 달하자 일제는 자살특공대 가미카제들을 '피어 있는 사쿠라꽃'에 비유했다. 이들이 타고 가는 비행기에 사쿠라꽃을 새기거나 이들이 출격할 때 여학생들이 사쿠라꽃 가지를 들고 나와 전송하기도 했다. 일제는 가미카제들의 전사(戰死)를 '산화(散華)'라고 미화하며 충혼(忠魂)의 상징으로 변용시켰다.

1942년의 미드웨이 해전 이후 일본은 미군의 공군력에 압도되었다. 특히 1944년 6월의 마리아나 해전에서는 일본해군 항모기동부대가 궤멸에 가까운 타격을 입었다. 7월 들어 사이판 함락에 이어 10월 17일 레이테 해전이 시작되자 일본군 지휘부는 특단의 조치를 강구하게 됐다. 필리핀에 주둔 중이던 일본해군 1함대 사령관 오니시 다키지로(大西瀧治郎) 중장은 "미군 항모에 돌격하는 방법밖에 없다."며 자살공격대 조직을 추진했는데 이것이 가미카제 특공대의 시발이었다.

가미카제 특공대는 1944년 10월 20일 창설됐다. 그로부터 5일 뒤 시키시마 부대가 필리핀 레이테 만(灣)에서 미 해군함대의 호위 항모 〈세인트 로〉의 비행갑판에 '몸체공격(육탄공격)'을 하여 침몰시킨 것이 시초다. 이때 오니시 중장은 해군 특공대에게 '가미카제(神風)'라는 이름을 부여했는데 '가미카제 특공대'라는 명칭은 여기서 유래했다.

가미카제 특공대는 불과 이틀 사이에 55회 이상의 자살 공격을 시도하여 7척의 항공모함을 포함, 40여 척의 미국 함정에 손상을 입혔다(5척 침몰, 23척 대파, 12척 파손). 처음에는 일시적인 전황 타개책으로 시도되었으나 이 자살 공격이 성과가 있다고 판단한 일본 해군과 육군은 가미카제 공격을 전면적으로 확대했다. 불과 몇 개월 사이에 2,000여 회 이상의 자살 공격이 시도되었고, 그로 인해 6,000명 이상의 젊은 조종사들이 개죽음을 당했다.

가미카제 특공대는 '결사(決死)'를 전제로 한 부대였다. 장비는 비행기와 어뢰로 이뤄져 있었는데, 탑승자를 위한 안전장치는 전혀 없었다. 가미카제들이 몰았던 '제로센(零戰)'이라는 단발엔진 탑재 함상전투기는 250킬로그램의 폭탄을 실을 수 있었는데 목표물을 향해 급강하할 경우 폭탄의 무게와 가속도 때문에 제어가 불가능했다. 그길로 군함에 부딪혀 죽거나 아니면 바다에 빠져 죽는 길뿐이었다.

하늘에 〈제로센〉이 있었다면 바다에는 '바다의 가미카제'로 불린 〈가이텐(回天)〉이라는 잠수어뢰도 있었다. 이 어뢰는 탑승원을

가미카제 특공대들이 타고 육탄공격을 감행했던 전투기 〈제로센〉. 〈제로센〉 조종석에 앉는 순간 그들은 돌아오지 못하는 존재가 되었다.

태운 채 적함에 몸체로 충돌하기 때문에 '인간어뢰'로 불렸다. 〈가이텐〉은 대개 2인승이었는데 탑승원은 무게 9톤의 어뢰 중앙에 쪼그려 앉아 1,550킬로그램의 탄두를 가지고 30노트로 잠행했다. '가이텐(回天)'이란 '하늘로 돌아간다'는 뜻으로, 대원들의 무참한 죽음을 미화한 표현이다.

그렇다면, 미군은 과연 가미카제 특공대를 두려워했을까? 육탄 공격을 경험한 적이 없는 미군에게 초창기 가미카제는 매우 공포스러운 존재였다. 그러나 시간이 갈수록 가미카제의 위력은 시들해졌다. 파괴력도 그렇거니와 가미카제 특공대원들이 탄 비행기가 바다에 추락하기 일쑤였다. 비행기에 실은 폭탄이 너무 무겁거나 속도가 너무 빨라 조준을 제대로 하지 못했기 때문이었다.

또한 마지막 순간에 조종사, 즉 특공대원이 두려운 나머지 눈을 감아버려 표적을 제대로 맞추지 못하는 경우도 많았다. 이 때문에 특공대 교범에는 '목표에 명중될 확률이 낮아질 수 있기 때문에

'바다의 가미카제'로 불린 〈가이텐-2형〉.

최후 순간까지 조종사는 눈을 감지 말고, 필살! 이라고 외치며 돌
입하라'고 지시되어 있었다. 가미카제의 성공 확률은 6% 정도에
불과했다. 결국 가미카제는 군사작전이라기보다 적에게 두려움을
주기 위한 심리전 성격이 더 컸다고 할 수 있다.

특공대원들은 '애국심' 때문에 죽음도 불사했을까? 특공작전은
지원병 중심으로 이뤄졌는데 특공대 창설 당시 직업군인 중에는
지원자가 하나도 없었다. 직업군인들은 자신들은 지원하지 않으면
서 학도병이나 비행예과 연습생들을 사지로 떠밀었다. 특공대는
이들에게 '살아남는 법'은 가르치지 않았다. 대원들이 맨 처음 교
육받은 것은 포로가 됐을 때 자신의 총으로 자살하는 방법이었다.
이들 대부분은 '자발적 지원'이 아니라 강요로 특공대원이 됐다.

내 생명 이제 한 달밖에 남지 않았는데 지금껏 살아온 얄궂은
생애의 결론적인 의미를 찾기라도 하자는 것인가. 단념하려야

가미카제가 탑승한 〈제로센〉이 미 군함을 향해 돌진하는 모습.

단념할 수 없는 초시계의 바늘만 돌아간다. …… 이제 한 달 남
은 내 생애에서 아무런 꾸밈도 없는 자신을 찾아내려고 하는
나의 몸부림. 나에게는 이미 내 자신이 죽어버린 느낌이 든다.
_『해신(海神)의 목소리 사라지지 않고-가이텐 특공대원의 수기』(1972)

　일본 가고시마현 미나미규슈시(市) 지란초(知覽町)는 가미카제 특
공대가 출발했던 비행기지가 있던 곳이다. 옛 지란기지 터에 세워
진 지란특공평화회관에는 특공대원들의 유서와 편지 등 1만 4,000
여 점의 자료가 보관·전시돼 있다. 특공대원들이 남긴 유서나 일
기에 나타난 '애국심'이라는 표현은 자의적으로 쓴 것이 아니라
강요와 협박에 의한 것이라고 한다.
　특공대원들은 자신의 유서나 편지가 '영령'이 남긴 글로 전시될
것이라는 상관의 훈시를 들은 후에 쓴 것도 많았다. 또 한 특공대

가미카제의 공격을 받아 불타고 있는 미군 함정.

원은 형에게 보낸 편지에서 "가위(검열)가 무서워서 쓰고 싶은 말
도 못 쓴다."고 불만을 토로하기도 했다. 특공대원 출신의 신타 마
사미치(信太正道)는 유서를 쓸 당시의 상황을 이렇게 서술했다.

> 특공은 개죽음이라는 것을 알고 있었기 때문에 (특공대원으
> 로) 지명당했을 때는 맥이 다 풀려버렸다. 교육 참고관에 장
> 식할 거라며 유서를 쓰라고 했다. 그러나 속내를 다 쓸 수 없
> 으니 무슨 말을 해도 다 거짓이었다. 본심을 토로하는 것은 금
> 기사항이었다.

미군 유조선 〈미시시네와호〉가 1944년 12월 20일 태평양 울리티 환초 앞바다에서 〈가이텐〉
의 공격을 받고 침몰하는 모습. 미친 전쟁의 희생양이 된 또 하나의 '인간어뢰'가 목숨을 잃는
순간이다.

　'빨간 딱지'로 불린 특공대 소집영장이 나오면 선택의 여지가
없었다. 소집에 응하든지 아니면 헌병에게 살해당하든지 둘 중 하
나였다. 부모들이 할 수 있는 건 특공대로 나가는 아들의 무사귀
환을 비는 기도뿐이었다. 전사한 특공대원의 어머니나 누이들은

지란특공평화회관에 전시된 가미카제 특공대 희생자들.

'영령'을 위해 순백색의 기모노를 입은 '신부 인형'을 만들어 바치기도 했는데 일종의 '영혼결혼식'이라고 할 수 있다.

특공대원들은 출격 직전 이별의 술잔으로 천황에게 건배하고 '천황 폐하 만세!'를 외쳤다. 하얀 비단 목도리와 히노마루(일장기) 머리띠를 매고 웃는 얼굴이나 결연한 표정으로 출정하는 대원들의 사진이 남아 있는데 이는 액면 그대로 믿을 수 없다. 일제 말기 해군에 징집돼 쓰치우라(土浦) 해군기지에서 특공대원들의 식사와 방청소 등을 담당했던 가스가 다케오(春日武雄)가 남긴 출격 전야 대원들의 모습은 다음과 같았다.

어떤 사람은 화가 나서 소리를 지르고 어떤 사람은 엉엉 운다.
오늘밤만의 목숨……. 부모 형제 자매의 얼굴, 모습. 그리고

출격 전야에 이별을 위한 술자리에서 잔을 들고 있는 가미카제 특공대원들.

연인의 미소 띤 얼굴, 약혼자와의 슬픈 이별. 주마등같이 돌고 도는 상념은 끝이 없다. 내일은 마침내 출격. 일본 제국을 위해, 천황 폐하를 위해서라고. 젊고 고귀한 청춘의 목숨을 바칠 각오는 다짐하고 있지만, 흐트러진 테이블에 엎드린 사람, 유서를 쓰는 사람, 팔짱을 끼고 명상하는 사람, 엉망이 된 송별 회장을 떠나는 사람, 몇 시간이나 묵묵히 뭔가를 쓰는 사람, 미친 듯이 춤을 추면서 꽃병을 부수는 사람. 이 처참한 출격 전야의 어찌할 바를 모르는 학도병사의 심경은 너무나도 알려져 있지 않다……

친일 논란을 부른 미당 서정주의 시 한 편을 소개하면서 화제를 조선인 가미카제 얘기로 돌려보자.

마쓰이 오장 송가(松井伍長 頌歌)

아아 레이테 만은 어데런가

언덕도

산도

뵈이지 않는

구름만이 둥둥둥 떠서 다니는

몇 천 길의 바다런가

아아 레이테 만은

여기서 몇 만 리런가…….

귀 기울이면 들려오는

아득한 파도소리…….

우리의 젊은 아우와 아들들이

그 속에서 잠자는 아득한 파도소리…….

얼굴에 붉은 홍조를 띄우고

「갔다가 오겠습니다」

웃으며 가드니

새와 같은 비행기가 날아서 가드니

아우야 너는 다시 돌아오진 않는다

마쓰이 히데오!

그대는 우리의 오장(伍長) 우리의 자랑.

그대는 조선 경기도 개성 사람

인씨(印氏)의 둘째 아들 스물한 살 먹은 사내

마쓰이 히데오!

그대는 우리의 가미가제 특별공격대원

구국대원

구국대원의 푸른 영혼은

살아서 벌써 우리게로 왔느니

우리 숨 쉬는 이 나라의 하늘 위에

조용히 조용히 돌아왔느니

우리의 동포들이 밤과 낮으로

정성껏 만들어 보낸 비행기 한 채에

그대, 몸을 실어 날았다간 내리는 곳

소리 있이 벌이는 고흔 꽃처럼

오히려 기쁜 몸짓 하며 내리는 곳

쪼각쪼각 부서지는 산더미 같은 미국 군함!

수백 척의 비행기와

대포와 폭발탄과

머리털이 샛노란 벌레 같은 병정을 싣고
우리의 땅과 목숨을 뺏으러 온
원수 영미의 항공모함을
그대
몸뚱이로 내려쳐서 깨었는가?
깨뜨리며 깨뜨리며 자네도 깨졌는가

장하도다
우리의 육군항공 오장 마쓰이 히데오여
너로 하여 향기로운 삼천리의 산천이여
한결 더 짙푸르른 우리의 하늘이여

아아 레이테 만은 어데런가
몇 천 길의 바다런가
귀 기울이면
여기서도, 역력히 들려오는
아득한 파도소리…….
레이테만의 파도소리…….

_「매일신보」, 1944년 12월 9일자.

이 시는 서정주가 가미카제 특공대로 출진했다가 필리핀 레이테 만에서 전사한 마쓰이 히데오[松井秀男, 한국명 인재웅(印在雄) 오장(伍長, 하사)]의 죽음을 미화한 시다. 서정주는 이 시를 통해 조선의 청년

「松井伍長頌歌」
徐廷柱

「매일신보」에 실린 서정주의 「마쓰이 오장 송가」 전문.

들에게 마쓰이처럼 가미카제 특공대로 나가 일왕을 위해 장렬히 전사하라고 권했다. 서정주가 친일파로 비난받는 이유다.

　가미카제 특공대는 해군 비행예과 연습생이나 학도병 출신들이었다. 일제 때 조선인 학도병 출신은 모두 4,385명. 이들 가운데는 가미카제 특공대로 나가 '마쓰이 오장'처럼 '산화'한 사람도 더러 있었다. 이들은 외형상으로는 '천황의 군대'였던 만큼 '친일파'라는 비난을 살 수도 있다. 그러나 엄격히 말하자면 이들 역시 나라 잃은 조선의 청년들로서 희생자인 셈이다. 신원이 밝혀진 '조선인 가미카제' 16인의 명단과 신상은 다음 쪽 표와 같다. 16명 가운데

1	박동훈	1928년 조선 출생, 소년비행병 제15기 출신, 마코토 제41비행대 오장, 1945년 3월 29일 오키나와 중부 카데나 서방 해상서 전사, 17세, 전사 후 2계급 특진(소위)
2	최정근	1921년 함북 경흥 출생, 일본 육사 56기 졸업, 비행 제66전대 중위, 1945년 4월 2일 오키나와 주변 해상서 전사, 24세, 전사 후 2계급 특진(소좌)
3	김상필	1920년 조선 진남포 출생, 1943년 10월 연희전문 졸업, 특별조종견습사관 제1기, 제32무극비행대 소위, 1945년 4월 3일 서남 해상서 전사, 25세, 전사 후 2계급 특진(대위)
4	이윤범	1921년 조선 출생, 조종후보생, 제80신부(振武)대 상사(曹長), 1945년 4월 22일 오키나와 주변 해상에서 전사, 23세, 전사 후 2계급 특진(소위)
5	가와히가시 시게루 (河東 繁, 한국명 불명)	조선 출생, 출생연도 불명, 소년비행병 제14기 출신, 제106신부대 오장, 1945년 4월 16일 오키나와 주변 해상에서 전사, 전사 후 2계급 특진(소위)
6	기무라 세이세키 (木寸正碩, 한국명 불명)	조선 출생, 출생연도 불명, 소년비행병 제14기 출신, 제77신부대 오장, 1945년 4월 28일 오키나와 주변 해상에서 전사, 전사 후 2계급 특진(소위)
7	탁경현 (光山博文, 미쓰야마 히로부미)	1920년 경남 사천 출생, 교토약학전문학교 졸업, 특별조종견습사관 1기생, 제51신부대 소위, 1945년 5월 11일 오키나와 비행장 서해상에서 전사, 24세, 전사 후 2계급 특진(대위)
8	이현재	1926년 조선 경성부 성동구 출생, 소년비행병 제14기 출신, 제431신부대 오장, 1945년 5월 27일 오키나와 주변 해상에서 전사, 18세, 전사 후 2계급 특진(소위)
9	김광영	1926년 조선 경성부 동대문구 출생, 소년비행병 제14기 출신, 제431신부대 오장, 1945년 5월 28일 오키나와 해상에서 전사, 18세, 전사 후 2계급 특진(소위)
10	이시바시 시로 (石橋志郎, 한국명 불명)	1918년 조선 경성부 중구 출생, 특별조종견습사관 1기생, 비행 제20전대 소위, 1945년 5월 29일 오키나와 해상에서 전사, 27세, 전사 후 2계급 특진(대위)
11	한정실	1925년 조선 출생, 소년비행병 제15기 출신, 제113신부대 오장, 1945년 5월 28일 오키나와 해상에서 전사, 20세, 전사 후 2계급 특진(소위)
12	노야마 사이코쿠 (野山在旭, 한국명 불명)	1924년 조선 출생, 특별간부후보 1기생, 제15전대, 1945년 1월 30일 필리핀 마닐라 남방 나스구브 해상에서 전사, 21세
13	노용우	조선 수원에서 출생, 경성법전 졸업, 특별조종견습사관 1기생, 비행 제5전대 오장, 1945년 5월 29일 시즈오카현 오마에자키 상공에서 전사, 전사 후 2계급 특진(소위)
14	임장수	1924년 조선 출생, 소년비행병 제12기 출신, 근황대 오장, 1944년 12월 7일 올머크만에서 전사, 20세, 전사 후 2계급 특진(소위)
15	이와모토 미쓰모리 (岩本光守, 한국명 불명)	1925년 경남 울산 출생, 조종후보생 제12기, 제23독립비행중대 중사(軍曹), 1945년 3월 26일 오키나와 나하 서방 해상에서 전사, 20세, 전사 후 2계급 특진(소위)
16	마쓰이 히데오 (松井秀男, 한국명 인재웅)	1924년 조선 개성 출생, 소년비행병 제13기, 야스쿠니부대 오장, 1944년 11월 29일 필리핀 레이테 만에서 전사, 20세, 전사 후 2계급 특진(소위)

_ 출처 : 『사쿠라가 지다 젊음도 지다』, 모멘토, 2004.

당시 17세로 최연소 조선인 가미카제 특공대원이었던 박동훈. 누가 이 소년을 죽였는가.

가장 먼저 전사한 사람은 '마쓰이 오장'이었다. 대다수는 일제 패망 서너 달 전에 오키나와 부근 해상에서 전사했으며 전사 후 2계급 특진했다. 전사 당시 이들의 계급은 오장(하사)에서 중위까지 다양했다. 나이는 대개 20살 전후인데 최연소는 17살(박동훈), 최연장자는 27살(이시바시 시로)였다.

이역만리 바다에서 산산조각이 나거나 물고기밥이 된 조선인 가미카제 특공대. 그들은 일본군 신분으로 일왕을 위해 목숨을 바쳤으며, 탁경현처럼 더러는 야스쿠니 신사에 위패가 안치돼 있다. 일본에서는 '조센징'이어서, 조선(한국)에서는 '친일파'라며 양측 모두에게서 외면당하고 있다. 그들은 죽어서조차도 고국의 품에 안기지 못한 채 고혼으로 떠돌고 있다. '위안부'만큼이나 비참한 또 하나의 전쟁 피해자라고 하겠다.

지란특공평화회관 입구 왼편에는 조선인 가미카제 11명을 기려 세운 돌비석이 하나 서 있다. 비석에는 "아리랑 노래 소리 멀리 어머님의 나라를 그리워하며 진 꽃이여, 꽃이여"라는 시가 새겨져

지란특공평화회관 입구에 있는 '아리랑' 돌비석.

있다. 조선인 가미카제 특공대원들은 16~20명 정도로 추정된다.
이들 가운데 김상필, 탁경현, 노용우 등 3인은 학도병 출신이었다.
학도병은 표면적으로는 '지원'이었으나 사실상 강제징집이었다.

  사쿠라꽃처럼 피었다 져버린, 아니 채 피어나지도 못하고 져버
린 조선인 가미카제 특공대원들. 그 가엾은 청춘의 넋들이 한없이
애달프다.

3

광화문이여, 광화문이여,
너의 목숨이······!

광화문과 남대문을 살린 일본인 민예학자

세계 각국의 수도 가운데 서울만큼 오랜 역사와 오묘함을 가진 곳도 찾아보기 어렵다. 서울은 태조 이성계가 조선왕조의 도읍지로 정한 한양(漢陽)에서 유래했다. 서울은 조선왕조의 통치이념인 유교사상과 전래 풍수지리설을 바탕으로 건설된 일종의 '계획도시'라고 할 수 있다.

경복궁을 중심으로 동쪽엔 종묘, 서쪽엔 사직(社稷)을 배치했는데 이는 조상과 자연, 백성을 근간으로 하는 유교사상을 담고 있다. 도성 사방(四方)에는 좌청룡, 우백호, 전주작, 후현무에 해당하는 낙산, 인왕산, 남산, 백악(북악산)이 둘러싸고 있으며, 북한산과 한강은 배산임수(背山臨水)에 해당한다. 이는 풍수사상에 바탕을 둔 것이다.

조선조의 정궁(正宮)인 경복궁에는 4개의 대문이 있다. 동쪽은 건

경복궁의 정문인 광화문의 구한말 모습.

춘문, 서쪽은 영추문, 남쪽은 광화문, 북쪽은 신무문. 광화문은 경복궁의 남문이자 정문에 해당한다. 도성 사방에는 대문(大門)을, 그 사이에는 소문(小門)을 각각 두었다. 남쪽 대문은 숭례문(남대문), 서쪽은 돈의문(서대문), 북쪽은 숙정문, 동쪽은 흥인문(동대문)으로, 이 가운데 남대문은 도성의 관문(關門)으로 통했다.

광화문과 남대문.

두 대문은 조선시대에는 경복궁과 한양 도성의 관문이었고, 지금은 서울의 상징이다. 그러나 이 둘은 비운의 역사를 간직하고 있다. 광화문은 일제 때 헐려 이축(移築, 옮겨서 지음)되었고, 임진왜란과 한국전쟁 때 완전히 불탔다. 남대문 역시 일제 때 철거 직전에

경복궁 전각을 헐고 그 자리에 총독부 청사 공사를 하고 있다.

구사일생으로 화를 면했으나 2008년 화재로 소실되었다가 복구
되었다.

1916년 6월 25일 오전 9시. 경복궁 앞마당에 데라우치 마사타
케(寺內正毅) 조선총독과 정무총감 이하 총독부 고관, 조선군사령관,
중추원 고문과 참의, 경성부 협의회원(오늘날 서울시의원), 동양척식주
식회사 임원 등 당시 조선에서 내로라하는 거물들이 대거 모였다.
이곳에서 총독부 청사 기공식이 열린 것이다. 행사장은 전부 일본
식으로 꾸며졌는데 이는 조선왕조와 조선인의 얼을 빼기 위한 한
바탕 '푸닥거리'였다.

이날 기공식의 첫 삽질을 시작으로 '5보 일루(一樓), 10보 일각(一

閣)'으로 불린 경복궁 내 전각들은 하루가 다르게 그 수가 줄어들기 시작했다. 급기야 경회루와 광화문도 철거 논의가 시작됐다. 조선왕조의 상징인 경복궁의 대표적인 건물들이 철거될 운명에 처하게 된 것이다.

그러나 이를 반대하고 나서는 조선인은 하나도 없었다. '민족지'라고 주장하는 「조선일보」와 「동아일보」 역시 총독부를 의식해 입을 다물었다. 그때 침묵을 깨고 광화문 철거 반대를 외치는 목소리가 하나 터져 나왔다. 총독부에 정면으로 맞선 셈이니 '일대 사건'이 아닐 수 없었다.

이 한 편의 글을 공개할 시기가 나에게 다가왔다고 생각한다. 바야흐로 행해지려고 하는 동양 고건축의 무익한 파괴에 대하여 나는 지금 가슴이 쥐어짜지는 것과 같은 기분을 느낀다. 조선의 주부(主府) 경성(京城)에 있는 경복궁을 방문한 적이 없는 분들은 그 왕궁의 정문인 저 장대한 광화문을 부숴버리는 일에 대해 아마도 아무런 신경을 쓰지 않고 있을지도 모른다……. 이 글은 없어져서는 안 될 한 예술품이 없어져야 할 운명에 처한 데 대한 애석함과 애도의 글이다……. 가령 지금 조선이 발흥(勃興)하고 일본이 쇠퇴하여 마침내 (일본이) 조선에 병합되고 궁성이 폐허가 되고 대신 그 자리에 대규모 서양식 일본총독부 건물이 세워지고, 저 푸른 해자(성 둘레에 판 방어용 연못)를 넘어 멀리 바라볼 수 있었던 흰 벽의 강호성(江戸城, 도쿄성)이 파괴되는 광경을 상상해주기 바란다…….

광화문을 지켜낸 일본인 민예학자 야
나기 무네요시.

이 글을 쓴 사람은 조선인이 아니라 일본인이었다. 유명한 민예
학자인 야나기 무네요시(柳宗悦, 1889~1961)가 주인공이다. 야나기는
일본에서 발행되던 종합지 「개조(改造)」 1922년 9월호에 '없애버리
려고 하는 한 조선 건축을 위하여'라는 글을 통해 총독부의 광화
문 철거를 통렬히 비난하고 나섰다.

아무리 예술에 미쳤기로서니 조선과 일본의 입장이 뒤바뀐 경
우를 가정해가면서까지 광화문을 지키려고 했던 그의 '광화문 사
랑' 앞에 탄복하지 않을 수 없다. 그는 '광화문이여, 광화문이여'를
본문에서 다섯 차례나 반복하며 안타까운 마음을 토로했다. 마치
절규하듯 한 그의 글을 좀 더 읽어보자.

광화문이여, 광화문이여! 너의 목숨이 이제 경각에 달렸구나.
네가 지난날 이 세상에 있었다는 기억이 차가운 망각 속으로

묻히려 하고 있다. 어찌하면 좋단 말인가. 나는 지금 어찌할
바를 모르겠구나. 비정한 끌과 무정한 망치가 너의 몸을 조금
씩 파괴하기 시작할 날이 멀지 않았다…… 괴로운 마음에 가
슴이 터질 것만 같구나. 그러나 어떻게 할 방법이 없구나. 누
구나가 말하기를 주저하고 있다. 나는 아무 말도 못하는 너의
죽음을 앞에 두고서도 아무 말도 못하는 (조선) 사람들을 대
신해서 다시 한 번 너의 존재를 이 세상에 알리기 위해 이 한
편의 글을 쓰는 것이다…… 광화문이여! 너의 존재는 얼마 안
가서 빼앗기고 말 것이다…… 광화문이여! 사랑하는 친구여!
도리가 아닌 죽음에 얼마나 억울한가. 오오, 너의 영혼이여,
갈 곳이 없거든 내게로 와다오…… 경복궁을 잃는다는 것은
한성(漢城)의 중심을 잃는 것과 같다. 저 왕궁보다도 정확한 형
식과 위대한 규모를 지닌 것은 조선 어디에서도 찾을 수가 없
다. 그것은 조선건축의 대표이며 규범이며 정신이 아닌가. 정
치는 예술에 대해서까지 무분별해서는 안 된다. 예술을 침해
하는 권력의 행사는 삼가라. 자진해서 예술을 옹호해주는 것
이 위대한 정치가가 해야 할 일이 아닌가. 우방을 위해서. 예
술을 위해서, 도시를 위하여, 더욱이 그 민족을 위하여 저 경
복궁을 구하고 세우라. 아아, 광화문이여! 네가 얼마나 쓸쓸한
생각으로 있을까…….

야나기의 글은 조선은 물론 일본에서도 큰 반향을 불러일으켰
다. 사이토 총독은 필자의 성이 '유(柳)'인 것을 보고는 그가 조선

1995년 철거되기 전 광화문 뒤에 있던 조선총독부 청사.

인인 줄 알고 신원조사를 시켰다고 한다. 야나기의 글 때문에 결국 조선총독부는 광화문을 헐지 못하고 건춘문(동문) 북쪽으로 이축시켰다.

야나기의 노력으로 겨우 목숨을 부지한 광화문은 1950년 한국전쟁 때 상단부 목조건물 전체가 불타고 말았다. 1968년 석축을 쌓아 기단부를 수리하고 문루(門樓)는 철근 콘크리트 구조물로 만들어 지금의 제자리로 옮겼다. 그해 12월 11일 광화문 준공식을 열면서 정부는 타국의 '은인'을 초대했다. 그러나 야나기는 타계한 뒤여서 부인 야나기 가네코(柳兼子)가 대신 참석했다. 2006년에 정부는 경복궁 복원공사의 일환으로 콘크리트로 만든 광화문을 철거했고, 2010년 8월 현재의 모습으로 원형 복원했다.

세계 각국의 주요 도시에는 그 도시를 상징하는 상징물이 하나씩 있다. 파리의 에펠탑, 뉴욕의 자유의 여신상, 로마의 콜로세움,

한국전쟁 때 광화문 문루가 불타고 기단부의 석축만 남은 모습.

북경의 천안문광장, 시드니의 오페라하우스 등이 그것이다. 그렇다면 서울의 상징은 무엇일까? 1994년 미술전문지 「가나아트」에서 미술인들을 상대로 서울의 상징 이미지 설문조사를 벌였다. 응답자 70명 가운데 절반 가까운 33명이 '국보 1호' 남대문을 꼽았다. 지금은 상황이 좀 달라졌을지도 모른다.

남대문(원래 명칭은 숭례문)은 1398년(태조 7년) 2월에 준공된 건물로 600여 년의 역사를 갖고 있다. 구한말까지만 해도 남대문 좌우에는 성곽이 있었다. 서쪽으로는 서소문을 거쳐 서대문으로, 동쪽으로는 남산으로 이어져 있어 명실공히 도성의 남문으로서의 면모를 갖추고 있었다. 한양 도성을 출입하려면 필히 남대문을 거쳐야만 했다.

2008년 화재로 원래 모습을 잃기 전에는 남대문은 조선조 목조건물 가운데 가장 오래된 건축물이었다. 게다가 '국보 1호'라는 타

2010년 원형대로 복원된 광화문의 현재 모습.

이틀이 갖는 무게감도 적지 않았다. 일각에서는 '남대문'이라는 명칭이 일제 잔재라고 주장하고 있으나 이는 사실과 다르다. 『태조실록』 등 『조선왕조실록』 곳곳에 '남대문'이란 명칭이 나와 있다.

「대한매일신보」에 따르면 남대문이 처음 훼손당한 것은 1907년 10월 16일 일본 황태자 요시히토(嘉仁, 훗날의 다이쇼 천황)의 방한 때였다. 일제는 "대일본의 황태자가 머리를 숙이고 문루(門樓) 밑을 지날 수 없다."면서 남대문과 연결된 성곽을 헐어버렸다. 이때 친일 단체인 일진회(一進會)는 일본 황태자의 방한에 앞서 남대문 앞에 대록문(大綠門)을 세웠는데 이는 황태자를 환영하기 위해 만든 임시 구조물이다.

성곽을 헌 자리에 통감부는 도로와 전찻길을 냈다. 좌우 팔이 잘려나간 남대문 둘레에는 화강암으로 일본식 석축을 쌓았다. 그

1904년 당시의 남대문. 좌우로 성곽이 이어져 있다.

1930년대 남대문의 모습. 좌우의 성곽이 헐리고 도로와 전찻길이 생겼으며, 문 앞에는 간이 파출소가 들어섰다.

리고는 남대문 앞에 파출소를 세우고 도로 쪽으로는 가로등(석등)도 설치했다. 이로써 남대문은 완전히 고립 상태가 되었는데 이때부터 일반인의 출입이 금지되었다.

비록 주변 성곽이 철거되긴 했지만 그래도 목숨을 건졌으니 그나마 다행한 일이었다. 그러나 일제의 눈에 남대문은 천덕꾸러기였다. 망한 나라의 대궐 문이 그들 눈에 뭐 그리 소중했겠는가. 게다가 궐 안으로 들어가려면 거추장스럽기만 할 뿐이었다. 남대문 철거론이 나온 것은 바로 이 때문이었다.

2002년에 서울대 국사학과 대학원에 유학 중이던 오타 히데하루(太田秀春, 당시 일본 도호쿠대 특별연구원)는 이색 논문을 하나 발표했다. 그는 「일본의 식민지 조선에서의 고적조사와 성곽정책」이라는 석사학위 논문에서 남대문을 철거하려 한 것도 일본인이요, 남대문을 살린 것도 일본인이라고 주장했다.

> 1905년 무렵에 한국주차군사령관인 하세가와 요시미치(長谷
> 川好道)가 교통에 불편하다고 하여 대포를 동원하여 남대문을
> 파괴할 생각을 갖자 이를 우려한 당시의 거류민장 나카이 키
> 타로(中井喜太郎)라는 사람이 말하길, "예전에 가토 기요마사(加
> 藤淸正)가 빠져나간 문이며, 당시의 건축물은 남대문 외 두세
> 가지밖에 없는데, 파괴하면 아깝지 않습니까?" 했더니 하세가
> 와가 이를 받아들임으로써 파괴를 모면했다.

그에 따르면, 남대문이 살아남은 것은 전적으로 임진왜란 당시
의 왜장 가토 덕분(?)이며, 동대문(흥인지문)은 또 다른 왜장인 고니
시 유키나가(小西行長)가 이곳을 통과한 덕분에 철거를 면했다는 얘
기다. 그러니 일제로서는 남대문과 동대문을 자랑스러운 기념물로
여길 만하다. 나카이가 남대문 철거를 반대한 이유는 불순한(?)
것이었지만 어쨌든 철거를 막은 것만은 부인할 수 없는 사실이다.

경희궁 터에서 독립문 쪽으로 넘어가는 고갯길에 있던 서대문
(돈의문)은 건물은 온데간데없고 현재는 이름만 전해오고 있다. 서
대문은 남대문이나 동대문 같은 '자랑스런 역사'가 없어서인지 결
국 철거되고 말았다. 총독부의 철거 사유는 '도시계획'이었다. 서
대문이 철거될 무렵에 이런 기사가 실렸다.

> 총독부 토목국에서 6일 오전에 경매 입찰을 행하여 입찰자 10

철거 전의 서대문 모습.

여 명 중에서 결국 205원 50전으로 경성 염덕기(廉德基)에게
낙찰되었는데 본래 경매한 것은 거의 목재뿐이오, 석재는 도
로 개수에 사용하고 고고학 상 참고할 자료가 될 부속물은 총
독부에서 영구히 보존한다더라.

_「매일신보」, 1915년 3월 7일자.

한양 도성의 사대문 가운데 하나인 서대문의 값이 고작 205원
이라니. 총독부는 서대문의 고고학적 가치가 있는 것은 영구보존
한다고 밝혔다. 그러나 빛바랜 사진 몇 장 이외에는 남아 있는 것
이 없다. 그들에겐 통행에 불편을 주는 장애물 그 이상도 이하도
아니었을 것이다.

살아남은 광화문과 남대문은 그 후 어땠을까? 1934년 총독부는 '조선보물고적명승천연기념물보존령'에 따라 조선 전역의 문화재 등 169점을 지정, 고시했다. 이때 보물 1호로는 숭례문(남대문)을, 보물 2호는 흥인지문(동대문), 보물 3호는 보신각종을 지정했다. 물론 이 같은 순번 부여는 문화재적 가치를 고려한 것이라기보다는 행정적 조치에 불과한 것으로 보인다.

그 후 1962년 한국정부는 국보(國寶)와 보물 등을 지정하면서 총독부의 사례를 참고했다. 그 결과 남대문을 국보 1호, 원각사지 10층석탑을 국보 2호, 동대문을 보물 1호, 보신각종을 보물 2호로 각각 지정했다. 그런데 이때 남대문을 '국보 1호'로 지정함에 따라 남대문의 문화재적·사회적 가치는 한결 높아졌다고 할 수 있다. 말하자면 대한민국 문화재의 얼굴이 됐다고나 할까.

그러나 '국보 1호'를 둘러싼 논란은 끊이지 않았다.

광복 50주년 이듬해인 1996년 11월 국보 1호를 바꾸자는 주장이 제기됐다. 이에 주무관청인 문화재관리국(문화재청 전신)은 서울 시민을 대상으로 여론조사를 했는데 서울 시민 1,000명 중 67.6%가 변경에 반대했다. 당시 서울대도 재학생들을 대상으로 여론조사를 했는데 응답자 262명 중 57%(150명)가 변경에 찬성하여 일반 시민과 상당한 차이를 보였다.

2005년 11월 감사원은 남대문이 '국보 1호'로서의 상징성이 부족하다며 문화재청에 변경을 권고했다. 당시 유홍준 문화재청장은 이에 대해 찬성 입장을 밝혔다. 그러나 국보 지정 권한을 가진 문화재위원회가 '사회적 혼란'을 이유로 부결시키면서 또다시 무산

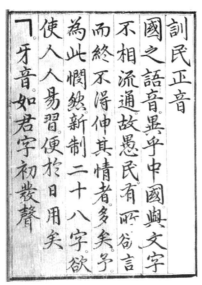

새로운 '국보 1호'로 거론되고 있는 훈민정음 해례본.

됐다. 문화재위원회는 교체 논란이 불거질때마다 "국보 뒤에 붙는 번호는 가치 순서가 아니고 단순한 관리번호"라며 반대해왔다.

그런데 2008년 2월 남대문이 뜻밖의 화재를 당하면서 상황이 달라졌다. 당시 화재로 남대문은 누각 중 1층 일부와 2층 및 지붕의 90% 정도가 피해를 입었다. 목재 부분은 대부분 소실됐다. 이 때문에 2013년 5월 남대문을 다시 세웠을 때 '복원' 대신 '복구'라는 표현을 사용했다. 그러나 곧이어 '부실 복구' 논란에 휩싸이면서 남대문은 국보 1호로서 위상에 큰 타격을 입게 됐다.

문화재제자리찾기운동을 펼쳐온 혜문스님은 2015년 1월 '국보 1호 숭례문 해지 및 변경 요청서'를 문화재청에 제출했다. 그는 요청서에서 "더 이상 국민에게 감동을 주지 못하는 '짝퉁 숭례문'은 대한민국 국보 1호로서 자격이 없다."며 "훈민정음 해례본을 국보 1호로 지정해달라."고 요청했다. 이후 혜문스님은 '훈민정음 국보 1호' 지정에 공감하는 시민 10만 명의 서명을 받아 당국에 전달했다.

철거 논쟁과 이축, 화재, 그리고 복원.

지난 역사 속에서 광화문과 남대문은 숱한 우여곡절을 겪었다. 광화문은 원형 복원으로 제 모습을 찾은 반면 남대문은 국보 1호 지정 문제를 놓고 다시 '짝퉁' 시비에 올랐다. 화재로 원형을 상실한 이상 남대문이 '국보 1호' 자리를 지켜내기란 쉽지 않아 보인다. 특히 상대가 훈민정음 해례본이라면 더욱 그렇다. 건축물에도 혼이 있다면, 남대문은 지금 울고 있을지도 모른다.

형은 독립운동,
아우는 친일

민족기업의 대명사 유한양행의 감춰진 친일 행적

버들표 유한양행(柳韓洋行).

수많은 국내기업 가운데 자랑스러운 기업으로 첫손 꼽히는 기업이다. 창업주는 일제 때 미국에서 독립운동을 했으며, 기업을 대물림하지 않고 사회에 환원하여 민족기업, 착한 기업이라는 명예로운 이름을 얻었다.

유한양행 홈페이지에는 "'가장 좋은 상품을 만들어 국가와 동포에게 도움을 주자'는 창업자 유일한(柳一韓) 박사의 정신으로 1926년 설립"되었으며 "창업 이래 지금까지 신뢰와 정직의 기업문화를 가지고 우수한 의약품 생산과 국민보건 향상에 매진해왔으며, 국내 1등 제약사, 국내 대표 장수기업 등 외형적 성장뿐만 아니라 한국에서 가장 존경받는 기업 등 사회공헌 대표기업으로 자리매

서울시 중구 신문로에 자리한 유한양행 옛 사옥. 1932년에 지어졌으며, 도성 안에 지은 최초의 근대식 건물이기도 했다.

김하고 있다."고 밝히고 있다.

1895년 평양에서 재력가이자 개화인사인 유기연의 장남으로 태어난 유일한은 9살인 1904년에 대한제국 순회공사 박장현을 따라 미국 유학길에 올랐다. 미국 중부 네브래스카 주의 커니에 정착한 그는 1909년 박용만이 설립한 독립군 사관학교인 한인소년병학교에 입학했다. 유일한의 항일투쟁 첫걸음이었다.

1915년 헤이스팅스 고등학교를 졸업한 유일한은 디트로이트 변전소에 취직하여 학비를 마련한 다음 이듬해 미시건주립대학 상과에 입학했다. 졸업반이던 1919년 4월에는 대한인국민회 중앙총회가 개최한 한인자유대회에 서재필, 이승만 등과 함께 재미 한국인 대표로 참가했다. 기초작성의원회(起草作成議員會) 대의원으로 선출된 유일한은 '한국 국민의 목적과 열망을 석명(釋明)하는 결의문'을 작성, 낭독하여 한국의 독립을 세계열강에 호소했다.

1919년 대학을 졸업하고 미시건 중앙철도회사와 세계적인 전기회사인 제너럴 일렉트릭 등에 취직했다가 1922년 대학 동창인 월레스 스미스와 동업으로 숙주나물 통조림을 생산하는 '라초이 식품회사'를 설립했다. 1925년 코넬대학 의대 출신의 중국계 소아과 의사 호미리(胡美利)와 결혼한 그는 이듬해에 미국 재산을 정리하고 귀국하여 서울 종로2가 덕원빌딩에 제약회사 '유한양행'을 설립했다.

유일한은 의약품 생산 외에도 위생용품·농기구·염료 등을 수입하여 민중의 건강과 생활 향상에 힘쓰는 한편 국내 특산품인 화문석, 도자기, 죽제품 등을 미국에 수출하여 민족자본 형성에도 이바지했다. 1936년에는 유한양행을 주식회사로 발족하고 초대 사장에 취임했다. 귀국한 지 12년째인 1938년 4월 유일한은 재차 도미하여 사업 활성화를 모색했는데 그는 사업가로서 탁월한 인물이었다.

한편, 중일전쟁 이후 일본이 중국 대륙 침략을 통해 나날이 위세를 키워가자 재외 한인 사회에서도 시국 대책을 논의하기 시작했다. 1941년 8월 미주 제 단체들을 통합한 재미한족연합위원회가 조직됐다. 유일한은 LA에 재미한족연합위원회 집행부 위원으로 선임돼 임시정부 후원과 외교 및 독립운동자금 조성에 크게 이바지했으며, 재미한인들로 이루어진 맹호군 창설의 주역으로도 활동했다.

1942년 당시 미 육군 전략정보처(OSS)의 한국 담당 고문으로 활

재미 청년 시절의 유일한.

약하며 소설 『대지』의 작가 펄 벅과 교류했다. 1945년에는 미군의 한국 본토 침투작전인 '냅코 작전(Napko Project)'에 참가했다. 이는 재미한인들을 선발하여 특수공작 훈련을 시킨 다음 한국과 일본에 침투시켜 적의 후방을 교란하는 작전으로, 미주뿐만 아니라 임시정부 산하 광복군이 참여한 '독수리 작전'과 동시에 진행되었다.

1945년 1월 유일한은 이 작전계획의 핵심요원으로 선발돼 침투·폭파·통신·낙하산 등 특수공작 교육을 받고 제1조 조장으로 임명돼 '코드명 A'라는 암호명을 부여받았다. 그러나 안타깝게도 이 작전은 일제의 항복으로 실행되지 못했다. 후일 미 국무성의 비밀문서 등을 통해 그 실체가 밝혀지기까지 유일한은 한번도 이에 대해 언급한 적이 없었다. 그의 인품을 짐작할 만한 대목이다.

해방 이듬해 도미 8년 만에 귀국한 유일한은 유한양행을 재정비하여 경영 일선에 나서는 한편 대한상공회의소 초대 회장을 맡

말년의 유일한. 독립운동가로, 그리고 민족 기업가로, 한 치의 흠결도 없는 아름다운 삶을 살았다.

아 국가경제 발전에도 크게 이바지했다. 인간 존중을 사업의 기본 철학으로 삼고 있던 그는 육영사업에도 많은 노력을 기울였다. 1952년 고려공과기술학교를, 1964년에는 유한공고를 설립했다. 1963년에는 개인 주식 1만 7,000주를, 1965년에는 추가로 5만 6,000주를 장학사업 등에 희사했다.

1969년 경영 일선에서 은퇴한 유일한은 아무런 혈연관계가 없는 조권순 전무에게 사장직을 승계하여 전문경영인 체제를 도입했다. 1971년 세상을 떠나면서 그는 유한양행 주식 14만 941주를 사회에 기부했다. 그는 정경유착을 하지 않았고 납세 의무를 철저히 지킨 기업인으로도 유명하다.

유일한은 사업가로서, 항일투쟁가로서, 단 한 치의 오점도 남기지 않았다. 그런 그가 창업하고 경영한 유한양행이 친일의 흠결이 있다면 믿을 수 있겠는가? 그러나 이는 엄연한 역사적 사실이다.

유일한의 동생 유명한. 형과는 극과 극을 달리는 친일 행적으로 민족기업 유한양행의 역사에 오점을 남긴 장본인이다.

중일전쟁 후 유한양행은 일본군에 비행기 헌납 명분으로 거액을 바쳤으며, 태평양전쟁 개전 후에는 일본군의 승리를 기원하는 광고를 싣기도 했다. 대체 어떻게 된 일일까?

1938년 4월 재차 도미한 유일한은 미국에서 태평양전쟁의 개전 (1941년 12월 8일)을 지켜보게 됐다. 당시 그는 사업도 사업이지만 LA에서 재미한족연합위원회 집행부 위원으로 선임돼 임시정부 후원 등 독립운동을 하고 있었다. 이 때문에 일제에 의해 입국이 불허됐다. 그러자 유한양행은 긴급이사회를 열어 당시 부사장으로 있던 유일한의 동생 유명한을 사장으로 선임했다. 이 유명한이 민족기업 유한양행에 친일이라는 크나큰 오점을 남긴, 일제에 협력한 장본인이다.

총독부 기관지 「매일신보」 1941년 12월 28일자에 '유한양행서 애국기 헌납자금 5만 3천원 종로서에 기탁'이라는 제목으로 다음과 같은 내용의 기사가 실려 있다.

유한양행에서는 전투기 1대를 헌납하여 태평양전선에 적성

분쇄의 날개를 보내기로 되었다. 27일 아침 동 양행의 야나기하라(柳原) 사장과 노무라(野村) 전무는 종로서를 방문하고 유한애국기(柳韓愛國機) 1대 가격 5만 3천 원을 육군에 헌납토록 정식으로 수속을 취했는데 이것은 유한양행에서 2만 7천 원, 만주의 유한공사에서 1만 원, 유한무역회사에서 5천 원, 사장이 1만 원, 직원이 1천 원 각기 응분의 성금을 모아 전투기를 내어놓게 되었다 한다.

야나기하라 히로시(柳原博)라는 일본식 이름은 유명한의 창씨개명이다. 그는 1936년 6월 유한양행 주식회사의 대주주로 참여하여 1938년 7월에는 유한양행 이사로, 1940년 7월에는 부사장으로 승승장구했다. 1941년 2월에는 유한양행의 계열사인 유한무역 주식회사의 전무이사 겸 유한상사의 이사로도 선임되었다.

미국에 체류 중인 형 유일한을 대신해 유한양행을 대리경영하고 있던 유명한은 태평양전쟁 개전 20일째인 1941년 12월 27일 전무 예동식(창씨명 노무라)을 데리고 종로경찰서를 방문했다. 그는 이 자리에서 태평양전쟁에 투입될 비행기 헌납금 명목으로 5만 3천 원을 기부했다.

태평양전쟁 개전 후 일제는 조선 전역에서 '일군일기(一郡一機) 헌납운동'을 전개하면서 단체와 기업에도 헌금을 강요했다. 특히 일제는 친일 기업인들을 앞세워 이 운동을 전개했는데 당시 서울 장안의 갑부로 소문난 화신재벌 박흥식(朴興植)은 3만 원을 헌금했다. 유한양행이 헌납한 금액은 박흥식의 2배에 가까운 액수이자

유한양행이 일본군에 애국기 헌납금 기부 사실을 보도
한 1941년 12월 28일자 「매일신보」.

군(郡) 단위의 모금액 10만 원의 절반이 넘는 액수다. 헌납 시기나
헌납 액수로 볼 때 유한양행과 유명한의 친일 정도는 결코 가볍
지 않다.

한편 1937년 7월 7일 중일전쟁 발발을 계기로 신문, 잡지에 '친
일 광고'들이 등장하기 시작했다. 광고에 일장기가 등장하기 시작
하더니 일장기나 벚꽃을 든 여인, 총을 든 어린이도 등장했다. 전
쟁이 격화되자 일본군의 승전을 기원하는 문구를 싣는가 하면 창
씨개명, 지원병 등 일제의 정책을 홍보하는 내용의 의견 광고도
실었다. 1941년 12월 태평양전쟁 개전 후부터는 제약회사, 백화점,
보험회사, 심지어 만년필 회사와 어린이 과자를 만드는 회사까지
나서서 노골적인 일제 찬양 광고를 실었다.

유한양행의 친일 광고가 실린 「매일신보」 1943년 1월 1일자 신년호.

「매일신보」 1943년 1월 1일자 신년호에는 모기업인 유한양행을 비롯해 계열사인 유한상사주식회사, 대련유한양행, 만주유한공사, 유한실비의원 등 5개 법인 명의의 광고가 하나 실렸다. 광고 첫 머리에는 황군(일본군)의 무운장구를 비는 문구가, 말미에는 태평양 전쟁 개전 당시의 승리를 축하하는 문구가 적혀 있다. 전형적인 친일 광고다.

창업주는 만리타국 미국에서 독립운동에 동분서주하고 있던 시점에 국내에서 유한양행이 이 같은 친일 협력 행위를 한 점은 납득하기 어렵다. '민족기업'으로 불리는 유한양행으로서는 '옥에 티'라고 할 만하다. 유한양행이 창사 50주년을 맞아 지난 1976년에 펴낸 『유한 50년사』에는 이와 관련한 기록은 전혀 나와 있지 않다. 그에 반해 일제 때 총독부로부터 세금 탄압을 받은 내용은 자세히 언급돼 있다.

앞에서도 말했지만 창업주 유일한은 기업가로서, 독립운동가로서 단 한 점의 오점도 남기지 않았다. 오히려 '노블리스 오블리제'를 실천한 훌륭한 기업인으로 평가받고 오늘날에도 칭송받고 있다. 그러나 유일한의 훌륭한 공로에 아낌없는 박수갈채를 보내야 하듯이, 동생 유명한 사장 시절 유한양행의 친일 행위 역시 호된 비판을 받아야 마땅하다. 개인이나 법인의 공과(功過)를 냉정히 기록하는 것이야말로 역사적 평가의 첫 출발이기 때문이다.

5

3·1절,
이름을 돌려다오!

그날의 외침은 운동인가, 혁명인가

　대한민국에는 4대 국경일이 있다. 3·1절, 제헌절, 광복절, 개천절이 그것이다. 이 가운데 3·1절을 뺀 나머지 셋은 명칭에 '역사적 의미'를 담고 있다. 그러나 유독 '3·1절'만은 가치중립적인 숫자로 나열해 표기하고 있다. 3·1절의 의미를 아는 사람이라면 별문제가 없겠지만 외국인이라면 이날의 의미를 두고 고개를 갸우뚱할 것이다. 오래전부터 '독립절'이나 '3·1혁명절' 등으로 바꿔야 한다는 주장이 제기되었지만 아직도 고쳐지지 않고 있다.

　역사적 사건은 어떻게 부르느냐에 따라 의미가 달라진다. 같은 말이라도 '동학란'이라고 부르는 것과 '동학혁명', '동학민중혁명'으로 부르는 것은 천양지차다. 같은 차원에서 1980년 광주에서 일어난 사건을 '광주 사태'라고 부르는 것과 '광주 민주화운동', '광주 민중항쟁'이라고 부르는 것 역시 큰 차이가 있다. 역사적 사건에 제 이름을 붙여주는 것, 즉 정명(正名)은 이래서 중요한 것이다.

1919년(기미년) 3월 1일의 거사는 우리 항일 독립투쟁사에서 실로 엄청난 사건이었다. 이날을 시작으로 전 조선인이 국내외에서 들고 일어나 일제의 총칼에 맞서 만세 항쟁을 벌였다. 3월 1일 하루만이 아니라 거의 1년 내내 조선 전역에서 대략 1,000만 명이 만세 시위에 참여했다. 당시 조선 인구가 1,700만 명이었던 점을 감안하면 거의 모든 사람이 만세 시위에 가담했다고 해도 과언이 아니다. 이 같은 전 민족 차원의 거사를 '3·1'이라는 건조한 숫자로 표현하는 것은 적절치 못하다.

더 큰 문제는 이날의 거사를 '3·1운동'이라고 낮춰 부르고 있다는 점이다. 이는 흔히 우리가 알고 있는 '계몽운동'과 비슷한 반열에서 평가하고 있는 셈이다. 이러다보니 아이들이나 외국인이 '3·1운동'을 영어로는 '쓰리 콤마 원 스포츠' 또는 '마치 퍼스트 무브먼트(March First Movement)'로 번역하는 웃지 못할 상황이 벌어진다고 한다. 이제라도 제대로 된 이름을 되찾아야 할 이유가 바로 여기에 있다.

기미년 3월 1일의 거사를 일제는 '소요(騷擾)', '폭동'이라고 불렀다. 총독부 입장에서는 당연히 그렇게 부를 수 있다. 당시 만세 시위에 가담했던 사람들은 '소요죄' 혐의로 붙잡혀 고문을 당하기도 했다. 극렬 친일파들은 '소요자제단'을 꾸려 전국을 돌며 조선인들에게 자제할 것을 요구하기도 했다. 대구 지역의 대표적인 친일파인 박중양은 1919년 4월 6일 대구에서 '자제단(自制團) 발기인회'를

3·1혁명 당시 서울 덕수궁 앞에서 만세 시위를 벌이고 있는 모습. 3·1혁명에는 전국적으로 1,000만여 명이 참가했다.

조직해 단장을 맡아 활동했다. 또 매국노 이완용은 개인 돈을 들여 소요 자제를 촉구하는 내용의 전단을 만들어 뿌리기도 했다.

그러면 3·1거사는 과연 '운동(Movement) 차원인가? '운동'이라면 구한말 나라 빚을 갚기 위해 남자들은 금연, 여자들은 금비녀, 금가락지 등 패물을 모아 거족적으로 전개된 '국채보상운동'을 쉽게 떠올린다. 이밖에도 '운동'이라면 위정척사적 의병운동, 계몽운동, 교육운동, 이른바 '브나로드운동'으로도 불린 문맹퇴치운동 등을 들 수 있다. 이는 모두 민간에서 의식 개혁을 위한 계몽 차원이라고 할 수 있다.

3·1거사는 이와는 질적으로 성격이 다르다. 3·1거사는 단순히 '운동' 차원이 아니라 목숨을 내걸고 일제와 맞서 싸운 항일투쟁이었다. 이 과정에서 수많은 사람이 죽거나 다쳤으며, 일경에 체

포돼 여러 해 동안 옥살이를 하기도 했다. 게다가 민가가 불타는 등 재산 피해는 물론이요, 제암리 교회에서는 집단 학살극이 자행되기도 했다. 학계 일각에서는 3·1거사를 '3·1혁명'으로 부르는 것이 마땅하다고 주장한다.

2015년 4월 23일, 당시 새정치민주연합(현 더불어민주당) 유승희 의원실에서 주최한 '3·1혁명 정명(正名) 찾기 학술 심포지엄'에서 윤경로 3·1혁명기념사업회 상임대표(전 한성대 총장), 김삼웅 전 독립기념관장 등은 각각 주제발표를 통해 이제라도 '3·1운동'을 '3·1혁명'으로 고쳐부르는 것이 마땅하다고 주장했다. 법학자인 한인섭 교수(서울대 법학전문 대학원) 역시 같은 주장을 폈다. 이들의 주장을 간추려 소개하면 다음과 같다.

> '혁명(Revolution)'이란 용어는 라틴어에서 기원했는데 "마차 바퀴를 완전히 한 바퀴 돌린다."는 뜻이다. 이는 체제 내의 개혁이나 변혁과는 차원을 달리한다. 동양에서는 새 왕조가 수립될 때 상제(하늘)가 옛 왕조에게 부여했던 "천하를 다스리라는 명령을 바꾸어[革] 그것을 새로운 왕조에게 주었다[命]." 하여 그 정당성을 이론화하는 개념으로 쓰였다. 다시 말해 혁명이란 기존의 사회 체제를 뒤엎고 새로운 체제를 여는 것을 말한다. 그렇다면 '3·1혁명'은 그런 조건을 구비하고 있는 것일까?

3·1혁명은 자주독립과 민주공화주의 등 '다중혁명'의 성격을

띠고 있다. 구체적으로는 첫째, 자주독립을 선언하고 일제의 식민 통치 체제를 거부했다. 둘째, 전래 봉건 왕조 체제를 거부하면서 존왕양이 복벽(復辟)운동이 아닌 민주공화제를 주창했다. 셋째, 유사 이래 처음으로 여성이 역사 현장에 주체적으로 참여하고 지역, 신분, 세대, 종교를 초월하여 범민족적으로 전개된 항쟁이었다. 넷째, 국민의식이 전근대적인 신민(臣民)의식에서 근대적 시민의식으로 전환되었다.

다시 말해 개화기 이래 전개된 동학혁명, 갑오개혁, 독립협회 주최 만민공동회, 의병전쟁, 의열투쟁 등 각 갈래별 민족운동이 3·1혁명으로 유입되었다. 아울러 3·1혁명은 이후의 무장투쟁과 대한민국 임시정부, 조선의용대, 광복군 등 모든 독립전쟁의 발원지가 되었다. 따라서 3·1혁명은 '운동성'보다는 '혁명성'이 강조되었으며, 일회적 성격의 사건이 아니라 일제 체제를 정면으로 거부한 다양한 형태의 항일투쟁의 저수지 같은 역할을 했다고 할 수 있다.

3·1혁명 직후 일제는 폭동, 소요, 소우(騷擾), 난동 등으로 격하시켜 불렀으나 중국의 언론보도는 달랐다. 당시 북경에서 발행되던 「신보(晨報)」는 1919년 3월 6일치에서 '고려 혁명운동'이라는 제목으로 만세 시위를 상세하게 보도했으며, 상해의 「민국일보」는 3월 9일치에서 '조선의 혁명운동'이라는 제목으로 보도했다. 또 북경대 교수 진독수는 「매주평론(每週評論)」 2월 23일치에서 3·1혁명을 "세계 혁명사의 신기원을 개척했다."고 썼으며, 「민국일보」는 4월 2일치 보도에서 '훈춘 한인의 혁명운동'이라는 제목으로 보도

3·1혁명을 '소요 사건'이라고 폄하해 보도한 총독부 기관지 「매일신보」 1919년 4월 8일자
기사.

했다. 그밖에 중국의 매체들은 대부분 '조선혁명운동'이라고 표기
했다.

당시 일본 신문들은 '불온 격문 배포', '작일도 역시 소란', '조선
각지의 폭동', '조선에 넘치는 학생 소동 증대', '여학생과 소녀대
의 시위운동' 등 폭동, 소란, 소동 등으로 보도했다. 3·1혁명을 처
음으로 '운동(運動)'이라고 표기한 것은 일본 도쿄에서 발행된 「도
쿄아사히신문(東京朝日新聞)」 1919년 3월 4일치로 보인다. 이 신문은
경성(서울) 특파원발 기사에서 '한인(韓人)의 운동'으로 보도했다. 이
후 조선 내의 언론과 식자들은 '혁명'이나 '항쟁' 대신 '운동'으로
표기하기 시작했는데 이는 전적으로 일제 당국의 입장을 반영한
것이었다.

반면 민족진영은 달랐다. 3·1혁명을 계기로 탄생한 대한민국
임시정부 의정원(오늘날 국회)은 '대한민국 임시헌장 선포문'에서 "한

대한민국 임시정부가 1941년 11월 28일 발표한 새로운 민주국가 건설을 위한 '건국강령'.

성에서의 의(義)를 일으킨 지 30여 일에……."라며 '혁명'이라는 용어를 사용하진 않았으나 그렇다고 '운동'이라고 표기하지도 않았다. 각종 선언문 등에서는 '3·1독립선언', '3·1만세' 등으로 표기했다. 1922년 상해의 '3·1청년구락부'는 '3·1혁명'이라는 제목을 유인물을 제작해 배포했으며, 1938년 조선민족전선연맹 기관지 「조선민족전선」 창간호에서는 '3·1대혁명', 조선의용대 기관지 「조선의용대통신」에서는 일관되게 '3·1대혁명'이라고 표기했다. 1930년대 이후 민족진영에서는 대부분 '3·1혁명'이라고 불렀다.

대한민국 임시정부는 1941년 '3·1만세' 22주년 기념대회에서 '3·1 대혁명운동'이라고 썼다. 그해 조소앙이 기초한 '건국강령'에서는 "우리나라의 독립 선언은 우리 민족의 혁혁한 혁명의 발인이며……."라며 '혁명'으로 표기했다. 임시정부는 건국강령 제정

이후 공식 호칭으로 '3·1혁명' 또는 '3·1대혁명'이라고 표기했다. 특히 임시정부는 1944년에 제정한 '대한민국 임시헌장' 서문에서 "무수한 선열들은 피와 눈물로써 민족 자유의 회복에 노력하야 삼일대혁명에 이르러 전 민족의 요구와 시대의 추향에 순응하야……"라며 '3·1대혁명'이라고 명시했다.

이런 기조는 1948년 대한민국 정부가 수립되면서 헌법을 제정할 때까지도 이어졌다. 헌법기초위원회는 전문위원 유진오가 마련한 초안을 중심으로 논의했는데 초안은 전문(前文)에서 "유구한 역사와 전통에 빛나는 우리 대한민국은 3·1혁명의 위대한 독립정신을 계승하여……"라며 '3·1혁명'이라고 명시했고, 30명의 헌법기초위원들도 별다른 이견을 제시하지 않았다.

헌법 조문 축조심의 과정에서 제헌의원들은 3·1혁명이라는 표현을 자연스럽게 사용했다. 제20차 국회 본회의(1948년 6월 29일) 회의록에 따르면, 서용길 의원도 "국호로 대한민국이라 하고 그 이류로 3·1혁명의 정신을 계승한 그때 세계에 대한이라 했고……"라고 발언했으며, 진헌식 의원 역시 "대한민국은 3·1혁명 투쟁을 통하야 조성된 국호이며 이 역사적 광영을 가진 국호야말로 대내적으로는 민족통일의 기초가 되고……"라고 발언한 것으로 나와 있다.

이날 회의에서 눈에 띄는 발언을 한 사람은 조국현 의원이다. 그는 국호로 '대한'을 써야 한다고 강조하면서 3·1혁명에 대해서도 찬사를 아끼지 않았다. 그러나 용어는 유독 '3·1운동'이라고 지칭했다. 그는 "우리는 세계 무비한 3·1운동의 민족정신을 잠시

라도 기억하지 않으면 안 됩니다."라거나 "우리는 대한민국의 국호를 씀으로써 거룩한 3·1운동을 살려내며 세계에 찬양하고 대한 임정의 법통을 계승하야……."라고 말했다.

이로부터 근 열흘 뒤인 제27차 본회의(1948년 7월 7일)에서 전문(前文)에 대한 토론이 진행됐다. 김동원 부의장이 윤치영 의원에게 전문 수정안에 대해 설명해달라고 하자 윤치영은 이렇게 말했다.

"전문에 대해서 어저께 수정안을 인쇄 배부해드렸기 때문에 다 아실 줄 압니다만 잠깐 한마디 드리겠습니다……. 전문 수정만 읽겠습니다. '유구한 역사와 전통에 빛나는 우리들 대한민국은 기미년 3월혁명으로써 대한민국을 수립하여 세계에 선포한 그 위대한 독립정신을 계승하여 지금 독립 민주정부를 재건함에 있어서 민족의 통일을 공고히 하고 모든 고래의 폐습을 타파하여…….'라며 '3월혁명'이라고 말했다.

이에 대해 조국현 의원이 나서서 입장을 밝혔다. 그는 '3·1혁명'이라고 표기하는 것에 강하게 반대했다.

"수정안이 더 좋다고 생각합니다. 그러나 전적으로 좋다는 것은 아닙니다. '기미년 3월 1일 혁명으로써 대한민국을 수립하여 세계에 선포한 그 위대한 독립정신을 계승하여' 이것을 넣고 '3·1혁명의 위대한 독립정신을 계승하여' 이것을 빼자는 데에 저는 찬성을 하는 동시에 혁명이라는 문구는 불가하다고 생각합니다. 우리가 3·1민족운동이라는 것이 일본 정부의 유인정권 밑에서 제도를 고치자는 혁명은 아닙니다. 대한이

○**조국현 의원** 수정안이 더 좋다고 생각합니다. 그러나 전적으로 좋다는 것은 아닙니다.「기미년 3월1일 혁명으로써 대한민국을 수립하여 세계에 선포한 그 위대한 독립정신을 계승하여」이것을 넣고「3·1혁명의 위대한 독립정신을 계승하여」이것을 빼자는 데에 저는 찬성을 하는 동시에 혁명이라는 문구는 불가하다고 생각합니다. 우리가 3·1민족운동이라는 것이 일본 정부의 유인정권 밑에서 제도를 고치자는 혁명은 아닙니다. 대한이 일본에게서 뺏겼든 그놈을 광고하자는 운동인 만큼 혁명은 아닙니다.「항쟁」이라고 할지언정 혁명은 아니요. 혁명은 국내적 일이라는게 혁명입니다.

조국현 의원이 제27차 본회의에서 발언한 내용 속기록.

일본에게서 뺏겼든 그놈을 광고하자는 운동인 만큼 혁명은 아닙니다. '항쟁'이라고 할지언정 혁명은 아니요. 혁명은 국내적 일이라는 게 혁명입니다. 다시 말하면 이태조가 고려왕조를 전복시킨 것이 혁명이고 갑오의 운동이 혁명운동이고 우리 조선이 일본하고 항쟁하는 것은 혁명이라는 것은 아닙니다. 만일 여기다가 '혁명'을 쓴다면 무식을 폭로하는 것이라고 내가 생각하기 때문에 이 '혁명' 글자를 변경해서 '항쟁'이라고 했으면 좋겠다고 생각합니다."

사회를 보던 김동원 부의장이 수정안을 마련한 윤치영 의원에게 "'항쟁'이라는 것이 어떻습니까?"라고 묻자 윤치영은 "좋습니

> ○**부의장 김동원** 윤치영 의원 「항쟁」이라는 것
> 이 어떻습니까?
> ○**윤치영 의원** 좋습니다. 더 좋은 게 있으면 또
> 수정해도 좋습니다.
> ○**부의장 김동원** 그러면 수정 제안자로서 「항쟁
> 」으로 고치겠다고 합니다.
>
> > ○**이승만 의원** 지금 말씀에 대해서 혁명이라는
> > 것이 옳은 문구가 아니라는 말씀을 내가 절대로
> > 찬성합니다. 혁명이라면 우리 나라 정부를 전복
> > 하자는 것인데 원수의 나라에 와서 있는 것을 뒤
> > 집어놓는 것은 혁명이라는 게 그릇된 말인데 「항
> > 쟁」이라는 말은 좋으나 거기다 좀 더 노골적으로
> > 「독립운동」이라고 그러면 어떱니까? 그러니까 거
> > 기에 대해서 나는 「항쟁」이라는 것도 괜찮고 딴
> > 것도 괜찮지만 혁명이라는 두 글자는 고치는 게
> > 대단히 좋은 말이에요.

이승만은 제20차 국회 본회의에서 '혁명'이라는 용어에 반대 입장을 밝혔다.

다. 더 좋은 게 있으면 또 수정해도 좋습니다."라고 답했다. 그러
나 김동원 부의장은 "수정 제안자로서 '항쟁'으로 고치겠다."고 말
했다. 뒤이어 이승만 의원이 발언에 나섰다. 이승만 역시 '혁명'이
라는 용어에 대해서는 반대 입장을 폈다.

"지금 말씀에 대해서 혁명이라는 것이 옳은 문구가 아니라는
말씀을 내가 절대로 찬성합니다. 혁명이라면 우리나라 정부를
전복하자는 것인데 원수의 나라에 와서 있는 것을 뒤집어놓
는 것은 혁명이라는 게 그릇된 말인데 '항쟁'이라는 말은 좋

으나 거기다 좀 더 노골적으로 '독립운동'이라고 그러면 어떻
니까? 그러니까 거기에 대해서 나는 '항쟁'이라는 것도 괜찮
고 딴 것도 괜찮지만 혁명이라는 두 글자는 고치는 게 대단히
좋은 말이에요……."

   김동원 부의장은 김준연 의원의 제안을 받아들여 소위원회를
구성하기로 하고 백관수, 김준연, 최국헌, 윤치영, 이종린 의원 등
5인을 특별위원으로 지정했다. 이들은 전부 한민당 계열로 윤치
영, 이종린 등은 친일의 흠결이 있는 사람들이다.
   이날 본회의에서는 3·1거사를 두고 혁명, 항쟁, 운동 등 다양한
의견이 개진되었다. 시인 조지훈의 부친인 조헌영 의원은 '항쟁'도
적절치 않다며 '3·1운동'으로 불러야 한다고 주장했다. 조 의원은
일제 때 신간회에서 활동했으며, 제헌국회에서 구성한 반민특위의
조사위원을 지내기도 했다. 이날 그가 본회의에서 행한 발언을 옮
겨보면 다음과 같다.

   "'3·1혁명'이라는 것과 '광복'이라는 것과 '항쟁'이라고 하는
   것이 다 적당치 않다고 저는 생각합니다. 혁명이라는 것은 말
   이 되지 않고 항쟁이라는 것은 좀 우리 위신상 관계가 있고
   또 광복된 것이 아니니까 광복이라는 것이 적당치 아니해서
   제 생각에는 그냥 '3·1운동'이라고 하는데 이것을 여기다가
   '기미년에 대한민국을 수립하여 세계에 공포한 3·1운동에 위
   대한 독립정신을……' 이렇게 하고 밑에 가서 민족의 통일을

평양권번 소속 기생들이 평양 거리에서 만세 시위를 하는 모습.

　공고히 한다는 것은, 민족통일을 완전히 공고히 하려면 잘 안
되니까 공고히 그대로 원안대로 단결이라는 것이 적당하다고
생각합니다."

　이날 오후 속개된 회의에서 이승만 의장은 헌법 심의를 모두
마치고 재석의원 157인 중 가(可) 91, 부(否) 16으로 통과시켰다. 이
로써 그동안 민족진영에서 써오던 '3·1혁명'은 '3·1운동'으로 격
하되어 불리게 됐다. 1942년 워싱턴 자유한인대회 등의 연설에서
는 '3·1혁명'이라고 했던 이승만이 해방 후 친일세력들의 등에
업히면서 자랑스러운 민족사를 훼손하는 데 앞장선 것이다.
　3·1혁명은 여성들이 역사의 무대에 전면적으로 참여한 점도
특기할 만하다. 3·1혁명에 참여한 여성들은 이른바 '신여성'만이
아니었다. 수원의 김향화 등 화류계 여성들이 이른바 '애국기생'이
되어 만세항쟁에 참여했으며, 서울의 정신여학교 등에서 교원과

학생들도 대거 참여했다. 김마리아 등이 주도한 대한애국부인회는 전국 13도에 조직망을 두고 군자금을 모아 임시정부에 송금했는데 이 일이 발각돼 여러 명이 일경에 끌려가 고초를 겪었다.

　동서고금의 역사에서 혁명이란 주권의 소재를 국왕으로부터 인민(국민)에게 이전하는 것이었다. 황제나 국왕이 독점해오던 권력을 빼앗는 과정에서 치열한 투쟁과 엄청난 유혈을 동반하는 것이 일반적이었다. 우리의 경우 유혈 없이 공화제로 이행되었는데 이는 세계 역사상 유례가 없는 일이다. 우리는 시민혁명 대신에 기미년의 대유혈을 치르고 '민주공화제'를 확보했다. 따라서 '민주공화국 대한민국'을 탄생시키는 데 원동력이 된 3·1거사를 혁명으로 부르는 것이 마땅할 것이다.

6

대한민국 '빨갱이'의
탄생

'빨갱이'라는 말은 언제, 어떻게 생겨났을까?

나는 지금 테로(테러)를 당하고 있어요. 그저 참고 있자니 이
나라의 원수(元首)인 나를 '빨갱이'로 몰아치니……. 그래 아무
리 정권도 좋지만 목적을 위해 수단방법을 안 가리니 이게 공
산당 수법과 다를 게 뭐요? 내가 '빨갱이'라면 이 나라가 2년
동안 '빨갱이' 치하에 있었단 말이오?

_「동아일보」, 1963년 10월 14일자.

제5대 대통령 선거일을 사흘 앞둔 1963년 10월 12일. 춘천 유
세를 마치고 공관으로 돌아온 공화당 후보 박정희는 저녁은커녕
옷을 갈아입을 생각조차 잊은 채 잔뜩 화가 나 있었다. 상대편인
민정당 후보 윤보선이 선거 유세에서 박정희를 향해 '빨갱이'라며

사상(思想) 공세를 폈기 때문이었다. 앞서 광주 유세에서도 박정희는 윤보선으로부터 '빨갱이' 공격을 받았다.

박정희는 여순 사건 직후 좌익 활동(남로당 가입) 혐의로 군 수사 당국에 체포돼 조사를 받았다. 뒤이어 열린 군사재판에서 그는 무기징역을 선고받았다. 그러나 그는 수사 과정에서 휘하의 조직원 명단을 불고 전향을 한 데다 백선엽 등 군 선배(주로 만주군 출신)들의 구명운동으로 석방됐다. 박정희가 한때 '빨갱이'였던 것은 분명한 사실인 만큼 윤 후보가 그를 "빨갱이로 몰아"쳤다고 한 부분은 사실과 맞지 않다.

지난 반세기 동안 이 땅에서는 '빨갱이' 논란이 끊이지 않았다. 북에서 남파된, 또는 자생적 공산주의자가 전혀 없진 않았으나 독재정권이 조작한 '관제 빨갱이'도 적지 않았다. 1975년 4월 9일 사형 판결 하루 만에 형장의 이슬로 사라진 '인혁당 사형수' 8명도 그 가운데 하나다. 재심 판결을 통해 뒤늦게 명예는 회복했지만 그들은 불의한 공권력에 의해 소중한 목숨을 잃었다.

'너 빨갱이지?'

이 한마디에 얼어붙지 않을 대한민국 국민이 몇 명이나 될까? '빨갱이'는 우리 현대사에서 가장 자극적이고 가학적인 용어라고 할 수 있다. 경위야 어찌되었든, '빨갱이'로 한번 낙인찍히면 누구도 그 굴레를 벗어나기 쉽지 않다. 이성적 판단보다는 비합리적 감성의 문제여서 해명을 해도 쉽게 납득되지 않기 때문이다. 해방 이후 숱한 사람들이 '빨갱이'로 몰려 곤욕을 겪거나 심지어 죽음을 당했다. 그들 가운데는 전직 국가원수도 한 사람 있었다.

때로는 공산주의자를 비하하는 표현으로, 때로는 이념이나 정파를 앞세워 상대진영 공격용으로, 또 여러 독재 정권이 민주화 운동 진영 탄압용으로 다각도로 활용해온 용어인 '빨갱이'. 이 말은 언제, 어떻게 생겨났을까?

소설가 채만식이 1948년에 발표한 단편소설 「도야지」 한 대목을 먼저 살펴보자.

> 불원한 장래에 사어(死語)사전이 편찬된다고 하면 '빨갱이'라는 말이 당연히 거기에 오를 것이요, 그 주석엔 가로되 1940년대의 남부 조선에서 볼셰비키, 멘셰비키는 물론, 아나키스트, 사회민주당, 자유주의자, 일부의 크리스천, 일부의 불교도, 일부의 공맹교인(孔孟敎人), 일부의 천도교인, 그리고 중등학교 이상의 학생들로서…… 단지 추잡한 것과 불의한 것을 싫어하고, 아름다운 것과 바르고 참된 것과 정의를 동경 추구하는 청소년들, 그밖에도 XXX와 XXXX당의 정치노선을 따르지 않는 모든 양심적이요 애국적인 사람들, 이런 사람을 통틀어 빨갱이라고 불렀느니라.

소설의 한 대목이지만 '빨갱이'의 범주와 성격을 비교적 잘 정리한 글이라고 생각된다. 이에 따르면, '빨갱이'라는 말은 1940년대 후반 남한에서 생겨났으며, 모든 정파와 교파를 망라하고 있다. 또 'XXX와 XXXX당', 즉 이승만과 자유당의 정치노선에 반대하는 '양심적이요 애국적인 사람들'을 일컫는다. '추잡한 것과 불의한 것을 싫어하고, 아름다운 것과 바르고 참된 것과 정의를 동경 추구하는 청소년들'이라는 대목에서는 빨갱이를 미화한 느낌마저 든다.

해방 후 미 군정 3년과 정부 수립 과정에서 우리는 극심한 좌우 대립을 겪었다. 미 군정은 초창기에는 좌파를 인정했으나 결국은 불온시하고 탄압했으며 이는 결국 우파 정권의 출현으로 이어졌다. 이 과정에서 좌파 진영은 축출되었으며, 비속어인 '빨갱이'로 매도됐다. 반민특위에서 친일파 척결에 나서자 이에 반대한 우파 일각에서는 "친일파를 처단하자고 하는 놈은 빨갱이"라고 억지주장을 펴기도 했다.

1940년대 후반, 다분히 정치적 목적으로 생겨난 빨갱이, 그 뿌리는 어디일까? 사전과 문헌자료, 그리고 전문가의 연구 성과를 차례로 살펴보자.

포털 사이트 사전에서 '빨갱이'를 검색하면 '① 공산주의자를 속되게 이르는 말, ② [동물] 망둥엇과에 속한 바닷물고기'라고 나온다. 사전적 지식은 이 정도가 전부다. 이번에는 신문기사, 공문서 등 문헌자료를 살펴보자.

공산당 하면 세계 어느 곳에서나 '빨갱이'요, 거짓말쟁이로 통한다. '빨갱이'란 말은 인류역사상 처음으로 공산당 정권을 들여앉힌 1917년 러시아 볼셰비키 혁명의 깃발이 붉었던 데 연유한 것 같다. 공산당은 독재의 쇠사슬에 묶여 있고 생산도구 이상으로 대우를 받지 못하는 순박한 백성들을 당의 지령에

복종토록 하기 위해 항시 입버릇처럼 공산천국이 내도한다고
거짓 선전을 일삼지 않을 수 없게 되었고 그러다보니 거짓말
이란 공산당에겐 아편과 같이 중독이 되고 만 것이다…….

_「동아일보」 '횡설수설', 1972년 2월 13일자.

「동아일보」 칼럼의 주장에 따르면, '빨갱이'는 크게 2가지 특징
을 갖고 있다. 첫째, '빨갱이'는 거짓말쟁이이며 주로 공산당이 하
는 행태라는 것, 둘째, 어원은 볼셰비키 혁명의 깃발이 붉었던 데
서 연유한 것 같다는 것이다. 이 짧은 기사에는 1970년대 당시 평
범한 한국인들이 인식하고 있는 '빨갱이'의 의미가 전부 담겨 있
다고 해도 과언이 아니다. 그간 남한 사회에서 '빨갱이'는 척결해
야 할 부정적 존재로 인식돼왔다.

국사편찬위원회가 구축한 '한국사데이터베이스'에서 '빨갱이'를
검색해보았더니 총 151건이 검색되었다. 그중 유의미한 자료가
하나 눈에 띄었다. 중경(重慶) 임시정부 시절 유일하게 공산주의를
표방하는 단체였던 '조선민족해방동맹'에 소속된 김성숙(金星淑)의
발언이 그것이다. 그는 "내가 진짜 빨갱이라면 왜 중경에 남아 임
시정부의 국무위원으로 있겠어요? 나도 연안(延安)에 가려면 얼마
든지 갈 수 있어요."라고 말했다. 1940년대 초에도 빨갱이는 공산
주의자를 지칭한 것은 분명해 보인다.

'한국사데이터베이스'의 151건 가운데 시기가 가장 빠른 것은
「개벽」 제10호(1921. 4. 1.)에 실린 '깨여 가는 길'이라는 글에 '빨갱
이'라는 말이 여러 군데 등장했으나 그 의미는 요즘 사용되고 있

1917년 '볼셰비키 혁명' 당시 붉은 깃발과 레닌.

는 '빨갱이'와는 다른 것이었다. 또 한국언론재단의 '고신문' 데이터베이스는 「황성신문」, 「독립신문」, 「매일신보」 등 해방 전에 발행된 신문 8종을 대상으로 하고 있는데 1883~1945년 사이에는 '빨갱이' 관련 기사가 한 건도 나오지 않았다.

해방 직후 자료로는 러시아연방국방성중앙문서보관소에 보관 중인 소련군정 문서 가운데 '남조선 정세보고서(1946~1947)'(1946. 3. 27. 작성)에서 당시 한민당 중앙위원 김효석이 "북조선의 대표 5명은 모두 '빨갱이들'이지만……"이라고 한 대목이 있다. 이듬해 5월 3일자로 작성된 '레베제프가 슈티코프 대장 동지에게 보낸 남조선 정세에 대한 정보자료'에는 그해 4월 27일 이승만 환영 집회에서 '공산주의자들을 박멸하라', '빨갱이들에게 죽음을'이라는 슬로건을 외쳤다고 하는 대목에서 '빨갱이'가 등장한다.

국내 신문에서 '빨갱이'가 자주 사용되기 시작한 것은 1948년 부터다. 5·10총선거를 앞두고 특정 후보자 인신공격의 한 방편으로 '모리배', '빨갱이' 등이 사용되자 당시 수도경찰청장 장택상은 담화를 발표하기도 했다. 또 친일파 청산을 주장하면 '빨갱이'로 몬 사례도 있었으며, 제주도의 경우 '빨갱이'라는 말이 도민의 감정을 저해한다는 읍면동장의 건의를 받아들여 도지사가 관청에서 부터 이를 사용하지 말라는 지시를 내리기도 했다.

이때까지만 해도 '빨갱이'는 좌익분자나 상대방에 대한 '비방' 정도의 뜻으로 사용된 것으로 보인다. 분수령은 1948년 10월 19일에 일어난 여순 사건이었다. 이를 기화로 널리 사용되기 시작된 '빨갱이'는 한국전쟁을 거치면서 남한 사회에서 가장 자극적이고 비인간적인 용어로 사용되기 시작했다.

지난 2009년에 김득중은 『'빨갱이'의 탄생』(선인)을 출간했다. 그동안 단편적으로 나온 '여순 사건' 연구의 집대성이라고 할 만큼 풍부한 자료와 탄탄한 논리 전개, 그리고 엄정한 역사적 평가가 돋보이는 이 책에서 지은이는 우리 사회에서 '빨갱이'라는 말이 보편적으로 쓰이기 시작한 것은 1948년 여순 사건부터라고 주장했다. 앞에서 보았듯이 그 이전에도 '빨갱이'라는 말이 사용되긴 했지만 우리 사회에서 대중적으로 사용되기 시작한 것은 여순 사건이 직접적인 계기가 됐다는 것이다.

김득중은 '빨갱이'를 어떻게 규정하고 있을까?

우리 사회에서 '빨갱이'란 단어는 단지 공산주의 이념을 가지

고 있는 사람을 지칭하는 것이 아니다. '빨갱이'란 말은 짐승만도 못한 존재, 도덕적으로 파탄 난 비인간적 존재, 국민과 민족을 배신한 존재를 천하게 이르는 말이다. 외국의 경우에도 공산주의자를 폄하하는 용어는 존재한다. 일본에서 사용되는 '아카(赤, アカ)', 구미에서 사용되는 '꼬미(commie)' 등은 모두 공산주의자를 속되게 일컫는 용어들이다. 이들 용어에는 공산주의자를 폄하하는 뜻이 내포되어 있다. 하지만 한국의 '빨갱이'처럼 죽여야 하는 대상, 비인간적인 존재를 지칭하는 것은 아니다.

_ 김득중, 『'빨갱이'의 탄생』, 선인, 2009, 560쪽.

말하자면 '빨갱이'는 사상적으로는 공산주의자이며, 폄하의 대상이라는 것이다. '공산주의자'라는 말이 정치적 지향을 일컫는 것이라면, '빨갱이'는 공산주의자를 비인간적으로 멸시하는 용어라고 할 수 있다. 이뿐만이 아니다. '빨갱이=도덕적 파탄자=민족반역자'여서 죽여야 할 대상인 '비인간적 존재'라는 것이다.

여순 사건을 계기로 '빨갱이'라는 용어는 피아(彼我)를 구분하는 분명한 '경계선'으로 등장했다. 이승만 정권은 '여순 사건' 주모자인 좌익 세력들을 정국 혼란을 유발한 세력인 동시에 양민을 마구 학살하는 도살자, 악마의 이미지를 덮어씌웠다. 그리하여 '빨갱이는 죽여도 좋다'는 인식이 널리 퍼졌고, '국민'들에게는 '빨갱이'를 박멸해야 하는 의무가 주어졌다. 심지어 빨갱이를 죽이는 일이라면 어떠한 수단과 방법도 사회적 정당성이 용인되기도 했다.

1948년 '여순 사건' 당시 국군에게 죽음을 당한 '빨갱이'들.

결국 빨갱이는 '어떤 비난을 받더라도 감수해야만 하는 존재, 죽어 마땅한 존재, 누구라도 죽일 수 있는 존재이지만 항변하지 못하는 존재'라는 것이다. '여순 사건' 당시 군경에게 학살당한 사람들을 두고 "공산주의자라서 죽음을 당한 것이 아니라 죽은 다음에 공산주의자가 되었다."는 말도 있다. '빨갱이'는 세계 반공주의 역사상 가장 노골적이고도 극렬한 적대감을 담고 있는 말인 것이다.

'빨갱이'의 연관어로 '빨치산'이란 말이 있다. 이 말은 프랑스어의 파르티잔(partisan)에서 유래된 것으로, '적 점령지나 정규군 점령 지역에서 정규군에 대항해서 싸운 비정규군'을 일컫는다. 나치 점령 하의 프랑스 민병대, 월남전 당시의 베트콩, 한국전쟁 당시 지리산 공산 유격대(게릴라) 등을 예로 들 수 있다. '빨치산'에 대해서는 국가에 따라 평가가 다양한 양태로 엇갈리고 있다.

근래에는 '빨갱이'가 다소 잠잠해지자 '종북'이라는 배다른 형제가 생겨났다. 세계 160여 개 국가 중에서 낡은 이념 논쟁으로 국력을 소모하고 있는 나라는 한국뿐이다. 급변하는 국제 정세 속에서 이제는 의식 수준도, 이념 논쟁도 한 단계 업그레이드시켜야 하지 않겠는가? 언제까지 시대에 뒤떨어진 빨갱이 타령, 종북 타령만 하고 있어야 하는가?

7

'서울시'가 '우남시'가
될 뻔했다?

이승만, 서울 명칭 바꾸려다 실패하다

서울(Seoul).

대한민국의 수도다. 정치·경제·사회·문화 등에서 명실상부한
대한민국의 심장부이자 600년이 넘는 역사를 간직한 고도(古都)이
기도 하다.

「민족문화대백과사전」에 따르면, '서울'이라는 명칭은 『삼국사
기』, 『삼국유사』 등의 기록에 보이는 서벌(徐伐), 서나벌(徐那伐), 서라
벌(徐羅伐), 서야벌(徐耶伐) 등에서 비롯되어 변천된 것으로, 수도(首都)
라는 뜻을 담고 있다.

B. C. 18년에 백제의 시조 온조가 오늘날의 서울 일대에 도읍을
정한 후 한성(漢城)이라고 불렀다. 고려시대 초기에는 양주(楊州), 문
종 이후 충렬왕 때까지는 남경(南京), 충선왕 이후 고려 말까지는

이승만 전 대통령의 필적. 말미에 호 '우남'이라고 쓰여 있다.

한양(漢陽)으로 불렸다. 1394년 태조 이성계는 개성에서 한양으로 천도한 후 이듬해 한양부를 한성부(漢城府)로 개칭했다.

일제 강점기에 서울의 이름은 또 한 차례 바뀌었다. 조선총독부는 1910년 10월 1일 한성부를 경성부(京城府)로 개칭했다. 오늘날의 '서울'이라는 명칭은 해방 1년 뒤인 1946년 11월 23일 미 군정이 서울시 헌장을 공포하면서 새 수도의 이름으로 정한 데서 비롯됐다.

그런데 1950년대 중반에 '서울'이 '우남'으로, 즉 '서울시'가 '우남시'로 명칭이 바뀔 뻔했던 아찔한 순간이 있었다. 참고로 '우남(雩南)'은 이승만 전 대통령의 호(號)다. 사건은 1955년 9월 16일 '수도 명칭에 대하여'라는 이 대통령의 담화에서 시작됐다.

서울이란 말은 우리나라 말로 수도이지 수도 자체의 땅 이름은 아니다. 서양인들이 동양에 오기 시작했을 때에 우리나라에 먼저 들어온 사람이 프랑스 천주교 전도사인데 이 사람이 비밀리에 변장하고 와서 이 도성의 이름을 물었을 때 서울이라고 대답한 것을 프랑스 사람이 할 수 있는 대로 음을 취해서 쓴 것이 외국인에게 차차 알려져서 이 도성 이름이 서울이라고 불리어왔다.

발음이 어려워서 모든 외국 사람들이 이 글자를 어떻게 발음해야 하는 것이냐고 늘 문제가 되니 우리 도성의 이름이 세계에 날 만큼 교정해서 이름으로 부르기 좋게 만들어 모든 사람이 편리하게 해야 할 것이다. 이 도시 이름도 옛말을 찾아서 부르도록 민간에서 많이 토론해서 발표해주기를 바라며 만일 다른 이름을 찾을 수가 없으면 한양으로라도 고쳐서 세계에 공포해야겠으니 생각 있는 분들의 의견을 구한다.

_ 「대통령 이승만 박사 담화집(제2집)」, 1956년 4월 1일.

물론 '서울'이라는 말이 수도(首都)라는 뜻인 것은 사실이다. 또한 이 대통령의 말대로 당시 외국인들이 '서울'을 발음하는 데 어려움을 겪었는지도 모른다. 필요할 경우 국호도 바꾸는 마당에 수도의 명칭을 바꾸지 못할 것도 없다. 당시 이 대통령의 제안은 어쩌면 순수한 취지에서 비롯한 것인지도 모른다.

당시 이 대통령의 제안은 형식은 '담화'였으나 사실상 '지시'였다. 이에 따라 서울시는 서둘러 '수도명칭조사연구위원회'라는 조직을 구성하고 11월 말에 서울의 새 명칭을 찾는다는 현상공모 광고를 신문에 실었다.

수도명칭조사연구위원회가 서울을 대신할 새 명칭을 현상공모한 광고. 1955년 11월 28일자 「조선일보」.

 그런데 위원회는 전 국민을 상대로 여론조사를 한다면서 납득하기 어려운 제안을 내놓았다. 그동안 일반 국민들이 제시한 '개명희망 명칭' 4가지 중에 하나를 골라 12월 31일까지 관제엽서로 보내달라는 것이었다. 그 4가지는 ① 우남(雩南) ② 한양(漢陽) ③ 한경(韓京) ④ 한성(漢城)이었다. 한글학자 최현배가 제안한 우리말 '한벌', '삼벌' 등은 반영되지도 않았다.

 대통령의 호인 '우남'을 첫머리에 올린 것은 충분히 오해를 살 만했다. 이 대통령 밑에서 충성경쟁을 벌이던 인사들이 의도적으로 '우남'을 밀고 있는 것이 분명해보였다. 수도 명칭을 바꾸는데 우편접수를 통해서 여론조사를 하겠다는 것도 상식적으로 맞지 않는 이야기였다. 여기에다 이 대통령조차도 '중국 발음 같아 적당하지 않다'고 제외한 '한양', '한성'을 끼워 넣은 것은 아무래도 구색 맞추기 같아 보였다.

 그런데 위원회의 발표는 더욱 놀라웠다. 이승만 대통령의 호를

'우남시'로 바꾸자는 여론이 1위라고 보도한 1956년 1월 19일자 「조선일보」 기사.

딴 '우남시'가 여론조사 결과 1위로 나왔다고 발표한 것이다. 이듬해 1월 18일에 서울시는 여론조사 결과를 발표했는데 접수된 3,524통의 편지 가운데 '서울' 대신 새로운 명칭으로 우남을 꼽은 사람은 1,423명이었고 한양 1,117명, 한경 631명, 한성 331명 순이었다.

이런 여론조사(?) 결과에도 불구하고 여론은 그리 우호적이지 않았다. 정치권에서도 여야를 막론하고 반대론이 우세했다. 「경향신문」 가십난에 다음과 같은 우스개가 실려 있다.

김 의원(자유당 김수선 의원)은 "(이 대통령이) 하야만 하신다면 서울시는 우남시로 고쳐야지." 하고 벌써 흥분하고 있는데 이 소리를 옆에서 듣고 있던 이충환 의원 "나는 서울을 우남시로 고치는 데 반대야." 하고 돌연 이의제기. 그런데 이 의원의 '우남시 반대론'을 들으면 "지금 시골 사람들은 서울 사람 욕을 할 때 서울 놈, 서울 놈, 하거든. 그런데 서울이 우남시가 되면 우남 놈, 우남 놈, 하지 않겠나? 그렇게 되면 우리 국부(國父)님

께서 진[辰·욕(辱)의 오자인 듯함 - 지은이]이 돌아가니 나는 반대란
말일세!

_「경향신문」, 1956년 3월 11일자.

'우남시'에 대한 반대여론에도 불구하고 이승만 충성파들은 밀
어붙였다. 그러나 그해 8월 13일 실시된 서울시의회 의원 선거에
서 민주당 후보들이 압승을 거두면서 우남시 계획은 유야무야되
고 말았다. 당시 서울시의회 의원 수는 총 52명이었는데 민주당
33명, 농민회 1명, 무소속 10명, 자유당은 8명에 불과했다.

당시 '우남시' 건에 앞장서서 반대한 야당 정치인이 한 사람 있
었다. 김영삼(1927~2015) 전 대통령이었다. 당시 민주당 소속 최연
소(28세) 국회의원이었던 김영삼은 UP 기자와의 단독회견을 통해
"이 대통령의 행동은 아르헨티나의 후안 페론의 자찬(自讚)과 같은
것으로 이 대통령은 점점 독재적인 경향을 보이고 있다."며 강하
게 비판했다.

여론이 좋지 않자 이승만도 결국 물러섰다. 이듬해 1월 20일 그
는 "내가 대통령으로 있으면서 서울의 이름을 우남특별시로 하는
것은 원치 않는다. 여러 사람들이 내가 세상을 떠난 뒤에는 그렇
게 될 것이니 그냥 뒤보는 것이 좋겠다고 했으나 내가 (수도 명칭
을 바꾸자고) 강권해서 여기까지 온 것"이라며 새 수도 명칭을
'한도(漢都)'로 하는 것이 어떻겠느냐는 의견을 제시했다. 물론 이
역시 채택되진 않았다.

김영삼 의원은 UP 기자와의 인터뷰에서 '우남시' 건 외에 이승

1956년에 서울 남산에 건립된 이승만 동상. 높이 25미터로, 당시 세계 최대 규모였다.

만 대통령의 동상 및 기념비 건립 문제에 대해서도 거론했다. 그는 "동상 건립비 40만 불이면 적어도 2만 명 이상의 굶주린 한국인들에게 1개월 간의 식량을 제공할 수 있었을 것"이라며 신랄하게 비판했다. 서울 남산과 종로 탑골공원에 각각 건립된 동상과 경기도 남한산성에 건립된 '송수탑(頌壽塔)'을 지칭한 것이었다.

　'우남시'와 이승만 동상 건립은 같은 맥락에서 나온 것이다. 1955년 이승만 대통령 '80세 탄신'을 기념하여 대규모 경축행사

이승만 우상화의 역사를 증언하고 있는 이승만 탄신 기념우표. 오른쪽 우표 속의
그림은 남한산성에 세워진 '이승만 송수탑'이다.

가 열렸는데 '축하' 차원을 넘어 '이승만 우상화'나 마찬가지였다.
이승만 생일날 집집마다 태극기를 달게 했으며, 전국 방방곡곡에
서 '이승만 찬가'가 울려 퍼졌다. 생일 당일에는 서울운동장(오늘날
동대문역사문화공원)에서 경축행사와 국군의 시가행진, 경축음악회가
열렸으며 기념우표와 지폐도 발행됐다.

　여기에 하나 더 보탠 것이 이승만의 호인 '우남'을 따서 만드는
'명칭 우상화'였다. 경기도 광주에서 남한산성을 연결하는 도로를
'우남로'로 명명한 것을 시작으로 서울 남산공원은 '우남공원'으
로, 남산 정상에 있던 팔각정은 '우남정'으로 이름을 바꿨다. 1958
년 12월에는 서울 광화문에 우남회관(서울시민회관 전신)을 건립했으
며, 대전에는 우남도서관이 생겨났다.

　자유당 정권 말기 '이승만 우상화'는 가히 광풍(狂風)과도 같았

다. 독재자에 대한 우상화는 이처럼 무모하고도 우스꽝스러운 것이다. 일회성 해프닝으로 끝났기에 망정이지 하마터면 서울시가 우남시로 바뀔 뻔했다. '서울' 명칭을 지킬 수 있었음은 참으로 다행스러운 일이다.

'이승만 우상화'는 60년이 지난 오늘날에 더욱 되새겨보아야 할 역사의 교훈 아닐까.

8

이순신 장군은
왼손잡이인가?

광화문 이순신 동상을 바꿔 세워야 하는 5가지 이유

세계 주요 도시의 명소에는 그 나라를 대표하는 영웅이나 위인의 동상이 서 있다. 파리 시내 최대 번화가인 샹젤리제 거리에는 2차대전 당시 프랑스 망명정부의 수반을 지낸 샤를 드골 대통령의 동상이 서 있다. 미국 자본주의의 상징인 뉴욕 월 가에는 미국의 국부로 추앙받는 초대 대통령 조지 워싱턴의 동상이, 일본의 상징인 벚꽃으로 유명한 도쿄 우에노(上野) 공원에는 '메이지유신의 3걸(三傑)' 중 1명인 사이고 다카모리(西鄕隆盛) 동상이 서 있다.

그렇다면 한국의 수도 서울은 어떤가? 서울의 한복판 세종로에는 한국 역사상 가장 위대한 인물로 평가받는 두 사람의 동상이 있다. 훈민정음을 창제한 세종대왕과 임진왜란 때 큰 공을 세운 이순신 장군 동상이 그것이다. 애초에는 광화문 네거리에 이순신 장군 동상만 서 있었다. 그러다가 지난 2009년 10월 9일 한글날을 기해 서울시가 광화문광장에 세종대왕 동상을 새로 세웠다. '세종로'가 뒤늦게 주인을 맞은 셈이다.

건립 50년이 다 돼가는 이순신 장군 동상은 광화문 네거리의 상징과도 같다. 그런데 이 동상을 두고 오래전부터 논란이 끊이지 않고 있다. 그 이유는 무엇일까? 결론부터 얘기하자면 동상 건립 과정에서 고증이 잘못됐으며, 또한 부실한 작품이라는 것이다. 이런 이유로 박정희 대통령 재임 시절인 1977년 5월 충무공 동상 철거 결정이 내려지기도 했다.

광화문 충무공 동상은 언제, 누가 세웠을까?

> 탄신 423주년을 하루 앞둔 27일 상오 10시 바다의 영웅으로 겨레의 숭앙을 받는 충무공 이순신 장군의 전신 동상이 박정희 대통령 부처에 의해 제막됐다. 제막식에는 박 대통령을 비롯해 3부 요인과 유진오 신민당 당수 등 각계 대표가 참석, 조국을 지킨 선열의 그 얼과 민족중흥의 결의를 다짐했다…….
>
> _「경향신문」, 1968년 4월 27일자.

동상은 12미터 높이의 좌대 위에 환도를 짚고 선 모습으로 동상 높이는 7미터, 무게 8톤으로 조각가 김세중이 13개월에 걸쳐 만든 것이다. 좌대 앞에는 길이 9척 3촌의 거북선이, 대석 전면 양쪽에는 직경 4척의 전고(戰鼓)가 놓여 있으며, 좌대 양면에는 거북선 배치도와 충무공 해전도가 부조(浮彫)로 돼 있다. 이 충무공과

충무공 동상 제막식에서 천을 걷어내고 있는 박정희 전 대통령(오른쪽 끝).

그의 상징인 거북선, 그리고 활약상을 집약했다고 할 수 있다.

충무공 동상은 박정희 대통령의 야심작이었다(그 무렵 박 대통령은 아산 현충사도 성역화 작업을 시켰는데 공사 현장을 직접 방문하기도 했다). 동상 전면에 붙은 '충무공 이순신 장군상(像)'이라는 제호는 그가 썼다. 이 동상은 애국선열조상(彫像)건립위원회와 「서울신문」이 공동으로 건립한 것임에도 동상 뒷면에 붙은 동판에는 '박정희 헌납(獻納)'이라고 새겨져 있다. 박 대통령이 사비로 제작하여 기증한 것이 아님에도 '헌납'이라고 한 것은 적절치 못하다.

그런데 「동아일보」는 충무공 동상 제막 기사가 실린 당일자 신문에 동상과 관련된 별도의 기사를 하나 더 실었다. 5면에서 충무공 동상과 거북선의 고증에 문제가 있다고 지적한 외부 인사의 기고문이 그것이다. 필자는 육군통신감 출신의 이충무공연구가 최석남. 충무공 전문가인 그는 충무공 동상과 그 앞에 있는 거북선의 오류를 조목조목 지적했다.

[충무공 동상 관련]

1. 갑옷은 전투를 위한 활동복이므로 무릎을 내려갈 수 없다. 장군이 녹둔도 전투에서 왼쪽 다리에 적이 쏜 화살이 박힌 것을 참고해야 한다.
2. 전투복도 발에 밟힐 정도로 치렁치렁 길 수 없다.
3. 칼이 자대기 같고 손잡이가 일본도 식이다. 칼은 굽어야만 잘 베어진다. 장군의 환도(環刀)는 도장(刀匠)이 태귀련(太貴連) 등이 만든 것으로 결코 일본도일 수 없다.
4. 토시는 팔굽을 덮지 않을 정도로 길어야 한다.
5. 두 다리를 너무 벌린 자세는 당시의 예의상 재고할 점이다.
6. 융원필비(戎垣必備)나 경주부사(府使)의 유품인 투구와 갑옷은 동상과 다르다.
7. 장군은 뛰어난 명궁(名弓)이다. 활을 든 장군의 모습이어야 할 것이다.

이밖에도 최씨는 "칼은 독전용(督戰用)이다. 또 동상은 적을 노려

보는 모습이지 지휘관으로서 부하에게 위엄을 보이는 모습은 아니다."고 지적했으며, 동상의 얼굴 모습은 일단은 논외로 한다고 했다.

[거북선 관련]

1. 귀두(龜頭) 폭은 넓어야 사람이 포를 쏘기 위해서 자유롭게 오르내릴 수 있다.

2. 선폭(船幅)은 머리, 허리, 꼬리의 너비가 각각 다르다.

3. 선저(船底)는 좁고 선복(船腹)이 넓어야 한다.

4. 선미(船尾)는 길어야 한다. 선저판(船底板) 64척, 최상판 133척.

5. 노(櫓)는 보트의 그것이 아니라 끝 부분만 넓을 수 없다.

6. 포구(砲口)와 포혈(砲穴)은 밀착될 수 없다. 당시의 포는 오늘날의 그것과 같이 후장포(後裝砲)가 아니다.

7. 귀배(龜背)에는 십자세로(十字細路)가 있어야 한다.

8. 귀배에 꽂은 칼은 정연하게 일렬로 꽂아서는 안 된다.

9. 귀배에는 문이 있어야 한다. 취명(取明)과 귀배에 사람이 기어 올라가 돛을 달고 떼어야 하기 때문이다.

10. 철갑(鐵甲)의 표시가 없다.

11. 방패의 네 귀퉁이에는 고정 장식(裝飾)이 상하를 막론하고 부착되어야 한다.

12. 응원기(應援旗) 같은 괴상한 기는 도대체 무슨 기인가.

13. 귀배에 돛대는 왜 없는가.

충무공 동상의 문제점을 지적한 「동아일보」 1968년 4월 27일자 기사.

이밖에도 그는 "동상에 비해 거북선은 너무 빈약해 마치 무슨 파충류가 발밑을 기어가는 모습"이라며 거북선의 규모에 대해서도 신랄하게 비판했다.

최씨에 따르면, 동상과 거북선 곳곳에 심대한 오류가 있는 것으로 드러났다. 동상이 위치한 장소나 대상인물의 비중을 감안하면 그의 지적을 토대로 다양한 논의가 이뤄졌어야 했다. 그러나 무슨 연유에서인지 최씨의 주장에 대한 반박은 나오지 않은 채 더 이상의 논의도 없었다. '각하의 작품'에 감히 왈가왈부할 수 있는 사람이 있었겠는가. 모르긴 해도 당국의 압력도 있었을 듯싶다.

충무공 동상을 둘러싼 논란이 재점화된 것은 9년 뒤인 1977년 5월이었다. 서울시는 광화문 충무공 동상의 모습이 현충사에 있는 영정과 달라 혼선을 주고 있다는 시민들의 항의를 받고 문화공보부 영정심의위원회에 심의를 요청했다. 당시 시민들이 서울시에 보내온 항의 내용은 다음과 같다.

① 칼집이 오른손에 잡혀 있어 항복하는 장군으로 오해를 받게 했다.
② 얼굴 모습도 현충사 모습과 달라 후세교육에 혼선을 빚는다.
③ 갑옷이 발목까지 내려와 전투를 지휘하는 장군의 모습으로 어울리지 않는다.
④ 거북선이 동상에 비해 너무 작다.

이것을 보도했던 「경향신문」은 이틀 뒤에도 비슷한 기사를 실었다. 이 기사에서는 '독전고(督戰鼓)가 누워 있어 전장에서 용감무쌍하게 싸우는 분위기가 묘사되지 않았다'는 내용이 추가됐다. 크게 보면 앞에서 최씨가 지적한 내용과 비슷하다.

그런데 「경향신문」의 첫 기사가 실렸던 5월 10일자 「동아일보」 기사는 내용이 좀 다르다. 충무공 동상이 잘못 만들어진 것이므로 문공부와 서울시가 새 동상을 세우기로 했다는 것이다. 잘못 만들어진 근거는 「경향신문」 내용과 동일했다. 시민들의 항의를 계기로 충무공 동상 재건립 논의가 한때 요란하더니 왠지 이후로 한동안 조용했다.

그로부터 약 2년 뒤인 1979년 3월 13일자 「경향신문」에 재미난 기사가 하나 실렸다. 서울시가 마련한 '충무공 이순신 장군 동상 정화방안'에 따르면, 충무공 동상의 칼자루를 오른손에서 왼손으로 옮기는 수정작업을 할 계획이라고 했다. 칼자루를 오른손에 잡고 있는 것이 항복한 장수와 같다는 지적에 따른 것이었다. '정화방안'에는 또 동상 뒤편에 높이 30미터의 충무공 전승비를 새로 건립하겠다는 내용도 담겼다.

이듬해 1980년 1월 14일 서울시는 기존의 충무공 동상을 헐고 고증을 거쳐 연내에 다시 세우겠다고 밝혔다. 이를 위해 2억 3천만 원의 예산도 반영했노라고 했다. 동상의 칼자루를 오른손에서 왼손으로 옮기는 수정작업을 하는 등 전년도에 밝힌 내용을 적극 반영할 방침이라고 밝혔다.

그런데 뜻밖의 복병이 나타났다. 전혀 엉뚱한 곳에서 동상 재건 반대의 목소리가 터져 나온 것이다. 반대의 주체는 한국부인회였다. 한국부인회는 "유가(油價) 인상으로 절약 생활을 해야 할 이 시점에 동상 재건립은 낭비"라며 재고해달라는 건의문을 당국에 제출했다. 일간지 독자투고란에도 반대 목소리가 등장했다. 「경향신문」 역시 '여적' 칼럼에서 "이 충무공의 얼굴 모습을 기억하는 이도 없는 판에 얼굴 모습을 트집 잡아 멀쩡한 동상을 헐어낸다는

서울시는 충무공 동상을 다시 세우겠다고 밝혔다. 「경향신문」 1980년 1월 14일자.

것은 명분이 약하다."며 비판 대열에 가세했다.

반대 목소리 때문인지 동상 재건립 논의는 다시 수면 아래로 가라앉았다. 철저한 고증을 거쳐 새로 세우겠다던 서울시의 약속 은 결국 공수표가 되고 말았다.

다시 14년이 흐른 뒤인 1994년 6월, 서울시 문화재위원회는 뚱 딴지같은 발표를 하나 내놨다. 충무공 동상 재건립 얘기는 쏙 빼 채 충무공−세종대왕 동상을 이전하지 않기로 했다는 것이었다. 이는 두 동상이 거리 명칭과 달라 혼동할 우려가 있으므로 이전 을 검토할 필요가 있다는 행정쇄신위원회의 지적에 따른 것이었 다. 17년을 돌고 돌아 제자리로 온 셈이다.

행정쇄신위원회가 지적한 대로 거리 명칭과의 부조화도 문제라면 문제다. 제대로 된 위치라면 충무공 동상은 '충무로' 어딘가에 자리를 잡는 것이 바람직하다. 세종대왕 동상이 세종로에 자리를 잡았듯이. '다산로'가 버젓이 있음에도 불구하고 다산 정약용 동상이 남산에 서 있는 것 역시 자연스럽지 못하다.

그렇지만 충무공 동상의 가장 근본적인 문제는 역시 '잘못된 고증'이다. 수도 서울의 한복판에 세워진, 한국을 대표하는 영웅의 동상이 엉터리라는 사실을 일반 국민들이나 외국인들이 알게 된다면 비웃음을 사고도 남을 일이다. 서두에서 최석남 씨가 지적한 내용을 토대로 대략 5가지의 '엉터리' 실태를 구체적으로 따져보기로 하자.

첫째, 동상의 얼굴과 표준영정이 차이가 나는 점이다. 충무공의 실제 얼굴을 정확히 알 수는 없다. 다만 유성룡이 『징비록』에서 충무공을 묘사한 기록을 통해 유추해볼 따름이다.

> 순신(舜臣)의 사람 된 품이 말과 웃음이 적고 얼굴은 아담해 수양하며 근신하는 선비 같았으나 가슴 속엔 담력이 있어 본래부터 수양해온 소치라 하겠다.

이 기록을 바탕으로 1953년 화가 장우성이 충무공 영정을 제작했고 1973년 이충무공영정심의위원회 고증을 거쳐 표준영정으로 지정됐다. 그런데 광화문 동상의 얼굴은 표준영정과는 차이가 있다. 물론 동상은 이보다 5년 앞서 제작되었기에 표준영정을 참조

충무공 표준영정.

하는 것은 불가능했다.

그런데 문제는 동상을 만든 김세중이 최선을 다하지 않았다는 점이다. 충무공의 초상화 가운데는 이상범의 작품(1932년)과 작자 미상의 조선시대 작품도 있다. 그런데 김세중은 이것들을 모두 무시하고 자신의 얼굴을 참고해서 동상을 만들었다. 그는 "예술가들은 얼굴을 그리거나 조각할 때 은연중에 자기 얼굴과 비슷하게 한다."는 궤변을 늘어놓기도 했다.

둘째, 오른손에 칼자루를 든 모습은 항장(降將)의 모습이다. 충무공이 왼손잡이가 아닌 이상 왼손에 칼을 쥐어야 필요할 땐 칼을 뽑아들 수 있다. 따라서 오른손에 칼을 쥐고 있는 현 동상의 모습은 상식적으로도 맞지 않다. 김은호가 그린 충무공 초상화(충무사 소장)이나 국회에 있는 충무공 동상(김경승 작품)도 모두 왼손에 칼을

충무공 동상의 얼굴(왼쪽)과 조각가 김세중의 얼굴.

들고 있다. 어떤 이는 오른손에 칼을 든 동상을 보고 충무공이 왼
손잡이라고 믿었다고 한다.

> 우리의 성웅 이순신 장군도 왼손잡이였는지 모른다. 세종로
> 장군의 동상은 칼을 오른손에 쥐고 있으니까 말이다. 무장(武
> 將)이 칼을 오른손에 잡는다는 것은 항복을 뜻한다는 말이 있
> 어 한때 약간의 물의가 있었던 것으로 알고 있지만 그 늠름한
> 모습에서 감히 누가 항복을 운운할 것인가. 나는 장군이 왼손
> 잡이라는 것을 굳게 믿고 있다.
>
> _ 이장규, '왼손잡이', 「경향신문」, 1970년 4월 29일자.

셋째, 충무공 동상이 들고 있는 칼은 일본도인가? 현충사에 소
장된 충무공의 장검(보물 제326호)은 조선식 쌍수도(雙手刀)다. 『무예도
보통지(武藝圖譜通志)』에 따르면, 이 칼은 "장검·용검·평검이라고도

두루마기식이었던 조선 갑옷(왼쪽)과 망토식인 이순신 동상의 갑옷.

불리며, 칼날의 길이 5척, 자루 1척 5촌, 7척짜리로 볼 수 있다.”고
나와 있다. 이 칼은 실전용이 아닌 의전용 칼로 길이가 1미터 97
센티미터나 돼 만약 이 칼을 짚을 경우 키보다 높아야 한다. 허리
에 차는 칼, 또는 그보다 작은 칼을 묘사하려면 이순신 장군이 패
용했던 실전용 칼인 ‘쌍룡검’으로 묘사해야 한다.

　칼날의 곡률(曲率)도 문제다. 충무공의 장검은 상당히 많이 휘어
있는데 반해 세종로 동상의 장검은 거의 직선에 가까울 정도로
곡률이 작다. 동상의 칼은 일본도이거나 일본도의 변형일 뿐이다.
왜적을 물리치다 목숨까지 바친 충무공의 동상이 일본도를 들고
서 있다는 게 말이 되는가.

　넷째, 동상이 입고 있는 갑옷은 중국 갑옷인가? 민승기의 『조선
의 무기와 갑옷』(가람기획, 2004)에 따르면, 조선의 전통 갑옷은 두루
마기처럼 한 벌로 이뤄진 포형(袍形)이다. 반면 중국식 갑옷은 어깨
에 두르는 망토와 같은 피박형(披膊形)이다. 그런데 충무공 동상은

누워 있는 2개의 독전고. 이순신 장군이 항복했던 가? 독전고가 제대로 세워질 날은 언제일까.

어깨, 몸통, 하체의 보호대가 각각 분리돼 있으며, 어깨에서부터 등 뒤로 망토 같은 것이 드리워져 있다. 이는 조선식이 아니라 중국식 갑옷임이 분명하다. 정확한 고증 없이 조선 왕릉의 무인석(武人石) 몇 점을 참조했을 뿐이란 소문이 사실로 드러난 셈이다.

다섯째, 동상 앞 '독전고(督戰鼓)' 둘은 왜 누워 있나? 전장에서 북은 장수의 지시를 전하고 전투를 독려하는 중요한 수단이다. 이 때문에 전장의 북을 흔히 '독전고'라고 부른다. 그런데 광화문 동상 앞 좌우에 있는 2개의 북은 모두 누워 있다. 이는 더 이상 전쟁을 하지 않겠다는 뜻이거나 패전을 뜻한다. 노량해전에서 적군의 유탄을 맞고서 '나의 죽음을 알리지 말라'고 당부한 뒤 조카 이완에게 계속해서 북을 치게 하여 전쟁을 독려한 사실과도 맞지 않는다.

동상의 부실 제작도 큰 문제다. 명작은 오랜 기간을 두고 정성을 들여야 한다. 유명한 조각가인 앙투안 부르델은 대표작인 「알베아르 장군의 기마상(像)」을 10년 만에 완성했으며, 로댕은 「발자

크상(像)」을 7년에 걸쳐 제작했다. 로댕의 「지옥의 문」의 경우 37년 간 모형만 뜨다가 끝내 마무리하지 못하고 죽었는데 그 과정에서 습작품으로 나온 것이 유명한 「생각하는 사람」이라고 한다. 그런데 김세중은 충무공 동상 작업을 13개월 만에 마쳤다고 한다. 그러다 보니 고증을 제대로 하기도 어려웠을 것이다.

근년에 문화재제자리찾기 대표 혜문스님이 충무공 동상의 문제점을 거론하자 동상 제작자인 김세중의 아들이 스님에게 해명을 겸한 메일을 한 통 보내왔다. 그에 따르면, 경비 문제로 폐선(廢船)의 엔진, 탄피, 고철 덩어리 등을 녹여서 동상을 만들었다고 한다. 그 결과 동상의 재질과 두께가 고르지 못하고 색상 또한 균일하지 않아 청동 고유의 색을 내지 못했다. 그러자 옛날 동상 같은 분위기를 내려고 짙은 청록색 페인트와 동분(銅粉, 동가루)을 섞어 표면을 칠했다고 한다.

엉터리 고증에 이어 동상의 안전성까지 문제가 된 것이다. 급기야 서울시는 동상이 건립된 지 42년 만인 2010년 11월, 대대적인 수술을 단행했다. 서울시는 동상을 경기도 이천에 있는 한 작업장으로 옮겨 40일 동안 대대적인 보강 작업을 벌였다. 그러나 보강 작업을 했다고 해서 문제가 끝난 것은 아니다. 엉터리 고증 문제는 여전히 숙제로 남아 있다.

그렇다면 모델로 삼을 만한 동상은 없을까? 추천할 만한 사례가 하나 있다. 2015년 11월 27일 경남 창원 해군사관학교 충무광장에서 제막된 충무공 동상이 그것이다.

우선 이 동상은 표준영정과 유성룡이 『징비록』에서 묘사한 충

해군사관학교 충무광장에 건립된 '활을 든' 충무공 동상. 갑옷에서 활까지, 이순신의 면모를 제대로 반영하고 있다.

무공의 모습을 반영하여 온화한 선비의 모습으로 구현됐다. 또 왼손에 칼 대신 활을 잡고 등에 화살통을 메고 있는데 이는 뛰어난 명궁이었던 충무공의 면모를 잘 반영한 것이라고 할 수 있다. 갑옷은 임진왜란 당시 조선 장수가 착용하던 '두정갑'을 입었고 허리에는 환도를 찼다. 또 칼머리를 뒤로 가게 해서 칼을 차고 있는데 이는 조선시대 무인들의 전형적인 무장(武裝) 형태이다.

이제 결론을 내릴 시간이다. 충무공의 진면목과 역사성을 제대로 반영하지 못한 동상은 마땅히 철거해야 한다. 해방 후 중앙청, 국립중앙박물관 등으로 사용돼온 구 조선총독부 청사는 1995년 광복 50주년을 맞아 철거됐으며, 일제가 '황국신민' 교육의 취지로 만든 '국민학교' 명칭은 '초등학교'로 바로잡았다. 심지어 박정희 전 대통령이 쓴 '광화문' 현판도 원래 글씨로 대체됐다.

하물며 수도 서울의 상징과도 같은 충무공의 동상이 짝퉁이라면 더 이상 재론할 필요가 없다. 이제라도 헐고 제대로 된 동상을 세워야 한다. 당장은 낯설게 느껴질 수도 있겠으나 그 역시 시간이 지나면 익숙해지기 마련이다. 잘못된 것은 하루라도 빨리 바로잡는 것이 충무공에 대한 최소한의 도리이기도 한다.

9

유관순 시신 '여섯 토막 훼손설'을 둘러싼 진실게임

유관순 열사 관련 괴담은 어떻게 시작되었을까?

역사(history)는 이야기(story)다.

다만 그 이야기는 정확한 근거에 기반한 사실(fact)이어야 한다. 그렇지 않은 것은 거짓으로 꾸며낸 허구(fiction)일 뿐이다. 아무리 유익하고 재미가 있어도 소설(fiction)을 역사라고 부르진 않는다. 소설은 흥미로운 이야기에 지나지 않는다.

그런데 허구(fiction)가 때론 역사로 둔갑하기도 한다. 엉터리 근거를 바탕으로 꾸며낸 것이 보통인데, 마치 사실(fact)인 양 둔갑하여 사회적 논란을 야기하는 경우도 있다.

유관순 열사가 순국한 후 시신이 여섯 토막으로 훼손됐다는 주장이 인터넷 공간에서 떠돌고 있다. 결론부터 말하면 이는 사실(fact)이 아니다. 이런 주장은 확인되지 않은 근거를 토대로 시나리

유관순을 소재로 한 영화를 세 차례나 만든 영화감독 윤봉춘.

오 작가가 쓴 것이 발단이 됐다. 그럼에도 불구하고 유관순의 '시신 훼손설'이 알게 모르게 퍼져 있다.

1988년에 문화관광부는 그해 '8월의 문화인물'로 한국영화의 거장 윤봉춘(尹逢春, 1902~1975) 감독을 선정했다. 윤봉춘은 함경북도 정평 출신으로 3·1혁명 때 만세 시위에 가담했으며, 이후 독립군 활동 등으로 2년여 옥고를 치렀다. 그리고 나운규가 제작한 영화 「들쥐」(1927)에 출연한 것을 계기로 영화계에 투신했고 1930년 「도적놈」을 연출하여 감독으로 데뷔했다.

8·15 광복 직후 윤 감독은 「윤봉길 의사」(1947), 「유관순」(1948), 「애국자의 아들」(1948) 등 일제하 독립운동을 소재로 한 이른바 '광복영화'를 잇따라 내놓았다. 특히 그는 영화 「유관순」을 1948년(유관순 역은 고춘희)에 이어 1959년(유관순 역은 도금봉), 1966년(유관순 역은 엄앵란) 등 세 차례에 걸쳐 발표해 '유관순 전문 감독'이라는 별명을 얻기도 했다.

윤봉춘 감독이 만든 영화 「유관순」 포스터.

  '유관순 시신 훼손설'의 진원지는 윤봉춘이 만든 「유관순」 영화
다. 1982년 영화진흥공사에서 기획하고 집문당에서 발간한 『한국
시나리오선집』 제1권(초창기-1955년 작품)에 그런 내용이 처음 등장한
다. 두산백과에 실린 「유관순」 영화 소개글 일부를 옮겨보면,

  재판정에 선 관순은 조금도 굴하지 않는 모습으로 항일을 절
  규하다가 7년형을 선고받고 서대문형무소로 옮겨진다. 이곳
  에서도 관순의 옥중투쟁은 계속되었고, 잔학한 고문에 의해
  참혹하게 순국한다. 일곱 토막 난 관순의 시체는 형무소 지하
  실에서 이화학당 교장인 월터에게 인계되고 관순의 시신을
  거둔 월터는 정동교회에서 진혼예배를 보며 장례를 치른다.

이 영화에서 처음 제기한 것이 '일곱 토막'설이었다. 이 시나리오는 윤봉춘 감독이 직접 쓴 것으로 알려졌는데 '시신 훼손' 사실을 입증할 만한 뚜렷한 근거를 대고 있지는 않다. 학술연구가 아닌 영화 시나리오의 성격상 근거를 제시하지는 않았는데, 윤봉춘이 어디선가 이런 얘기를 전해 듣고 쓴 것으로 추정된다.

명랑소설 『알개전』으로 유명한 소설가 조흔파(1918~1981)는 '토막설'은 아니나 시신 훼손설을 주장했다. 그는 『왜경고문비화(倭警拷問秘話)』 '유관순 편'에서 다음과 같이 기록했다.

> 유관순은 감옥에서도 여러 번 '대한 독립 만세'를 불러 그때마다 일본 헌병들로부터 무자비한 폭행을 당했으나 끝내 뜻을 굽히지 않았다. 3·1운동 1주년이 되는 날에도 감옥에서 만세운동을 벌이도록 조직했다. 이렇게 감옥에서도 굽히지 않고 수감투쟁을 하던 유관순은 오랫동안 계속된 고문과 후유증, 영양실조 등으로 1920년 10월 감옥에서 숨을 거두고 말았다. 일본 헌병들은 감옥에서 순국한 유관순의 시신을 꺼내어 귀를 자르는 등 잔인한 능욕을 자행했다.

윤봉춘의 영화 「유관순」과 조흔파의 글이 나온 이후 대부분의 유관순 열사 전기 등에는 '시신 토막' 등 훼손설이 거의 정설로 인식돼온 것 같다.

2006년에 서대문형무소 역사관 개관 8주년을 맞아 열린 학술심포지엄에서 김삼웅 당시 독립기념관장은 유관순 열사의 시신이

머리와 몸통, 사지 등 여섯 토막으로 잘려 있었고, 코와 귀도 잘려 있었다는 기록을 소개했다. 이는 윤봉춘과 조흔파의 글을 인용한 것으로 보인다.

언론인 출신의 이세기는 『죽기 전에 꼭 봐야 할 한국영화 1001』 (마로니에북스, 2011)이라는 책의 영화 「유관순」 편에서 "토막 난 관순의 시체는 형무소 지하실에 방치되어 있다가 이화학당 교장인 월터에게 인계되고 관순의 시신을 거둔 월터는 정동교회에서 학생들과 함께 관순을 위한 진혼예배를 드린다."며 영화 「유관순」 소개글을 그대로 인용했다.

심지어 『교회용어사전』에서도 유관순을 두고 "그의 시신은 이화학당 교장 프라이와 월터 선생의 강력한 항의로 인도되었는데, 토막으로 난도질당한 상태였다고 한다."며 시신 훼손설을 기정사실화했다.

천안에 있는 유관순의 생가 옆에는 그가 어렸을 때부터 다녔던 매봉교회(梅峰敎會)가 있다. 이 교회를 방문했던 한 블로거(닉네임 '비단장수 왕서방')가 쓴 글에 따르면, 교회 지하 전시관에는 "이화학당의 월터 학당장 서리가 인수한 유관순의 훼손된 시신이 담긴 석유상자"라며 대형 나무상자 사진이 전시되어 있다. 시신 훼손설에서 한걸음 더 나아가 물증(?)까지 제시하고 있는 셈이다.

문제는 이런 내용들이 마치 사실(fact)인 양 버젓이 통용되고 있다는 점이다.

그렇다면 '시신 훼손설'의 진실은 무엇일까? 1919년 4월 1일(음력 3월 1일) 천안 아우내 장터에서 만세 시위를 벌이다 일경에 검거

매봉교회에 전시된 훼손된 유관순 시신은 담았다는 석유상자 사진.

된 유관순은 그해 5월 9일 공주지방법원에서 보안법 위반 및 소요혐의로 징역 7년을 선고받고 경성복심법원(고등법원)에 항소했다. 공주감옥에서 서대문감옥으로 이감된 유관순은 6월 30일 경성복심법원에서 징역 3년을 받자 상고를 포기했다.

　1920년 4월 영친왕 이은(李垠)과 방자(芳子)의 결혼으로 정치범에 대해 사면령을 내려져 형이 절반으로 줄었다. 게다가 체포(4월 1일)에서 최종 재판(7월 4일)까지 3개월 남짓한 미결기간을 포함하면 1920년 9월 30일이면 형이 만료되는 셈이었다. 그런데 출옥을 불과 이틀 앞둔 9월 28일 유관순은 고문 후유증으로 옥사했다.

　전(前) 독립기념관 연구원(현 대한민국역사문화원 원장) 이정은은 2004년 천안시의 지원을 받아 펴낸 『유관순 - 불꽃 같은 삶, 영원한 빛』에서 유관순의 시신 인도와 장례식 부분을 다음과 같이 기술했다.

서대문형무소 수감 시절의 유관순.

수감 당시 간수들이 얼마나 발길로 걷어찼던지 열사의 방광이 파열됐다. 당시 이화학당의 월터 학당장 서리가 서대문형무소 병사(病舍)로 면회를 가서 보니 유관순 열사는 고문 후유증으로 얼굴이 퉁퉁 부어 있었고, 병색이 완연했다. 특히 맞잡은 손의 자국이 그대로 눌린 채로 있어 제 모습으로 돌아오지 않았고, 손가락으로 눌러 만져보니 살이 썩어서 손에 피가 묻어 나왔다. 그래서 월터 학당장 서리가 치료를 요청했으나 감옥 측은 이를 거부했다.

그로부터 얼마 뒤인 10월 12일, 이화학당의 문을 박차는 소리가 들렸다. 몇몇 학생들이 나가보니 사람들이 썩은 냄새가 진동하는 들것을 하나 들고 서 있었다. 그 들것에는 열사가 붉은

이정은이 쓴 『유관순 - 불꽃 같은 삶, 영원한 빛』표지.

수의를 입은 채 시신이 되어 돌아온 것이다. 얼마 안 있으면
곧 출옥할 줄 알고 열사를 위해 옷과 머리핀을 준비했던 친구
들은 그 참혹한 광경을 보고 기겁을 한 나머지 그 자리에서
대성통곡을 했다.

유관순의 직접적인 사인은 고문 후유증과 순사들이 걷어차서
방광이 파열되었기 때문이었다. 유관순이 순국한 시점은 여름 끝
자락이어서 아직은 날씨가 더웠다. 게다가 감옥 측이 근 보름이나
가매장했다가 인계한 탓에 어느 정도 시신이 손상됐을 가능성은
없지 않다. 비록 시신 상태로 돌아오긴 했지만 시신이 토막이 난
채 (석유상자에 담겨서) 돌아온 것은 아니다.
　이정은도 시신 훼손설을 부인했다.

서대문 감옥에서 유관순의 시신을 인도받았을 때 유관순의

천안 매봉산 기슭에 마련된 유관순 초혼묘.

시신이 여섯 토막으로 절단되어 있었다는 말들이 많이 있었
다. 해방 후 제작된 영화에서 그렇게 그렸고 많은 유관순 이야
기책에서 그렇게 그렸다. 장례식을 직접 주관하고 참여했던
이화학당의 월터 학당장이나 오빠 유우석은 시신 절단설을
부정했다.

백석대학교 유관순연구소는 '유관순 열사 일대기' 편에서 이렇
게 밝히고 있다.

1920년 10월 12일 이화학당장인 월터와 김현경 선생과 오빠
유우석 등이 시신을 수습하여 이화학당으로 모시었다. 그리고

서울현충원 '무후선열제단'에 안치된 유관순 열사의 위패.

출옥일로부터 삼일째 되는 1920년 10월 14일 이태원 공동묘지에서 조촐한 장례를 지냈다. 그러나 이후 아쉽게도 유관순의 무덤은 훼손되어 찾지 못했다.

전문 연구자의 연구 성과나 관련 기관의 공식 입장을 통해서 알 수 있듯이 유관순의 시신 훼손설은 터무니없는 주장일 뿐이다. 1948년에 나온 한 편의 영화에서 시작된 낭설이 근 70년을 유령처럼 떠돌고 있는 셈이다.

그런데 더 안타까운 점은 유관순의 시신이 행방불명됐다는 사실이다. 이태원 공동묘지가 일제 때 일본군의 군용기지로 전환됨에 따라 미아리 공동묘지로 이장하는 과정에서 시신을 잃어버렸다. 1989년에 천안 유관순열사기념관 뒤 매봉산 기슭에 마련된 초혼묘(招魂墓)는 빈 무덤이다. 유관순의 위패는 서울 동작동 현충원 애국지사묘역 내 '무후(無後)선열제단'에 안치돼 있다.

　18세 꽃다운 나이에 숨진 '순국소녀 유관순'. 그는 육신마저 안식을 찾지 못한 채 고혼(孤魂)으로 떠돌고 있다.

10

'친일파 1호'
김인승을 아십니까

을사오적보다 30년 앞서 친일에 앞장선 조선인 관리가 있었다

우리는 친일파, 하면 흔히 을사오적을 떠올린다. 을사오적은 '친일파의 아이콘'으로 통하며, 이완용은 '친일파의 대명사'이다. 사람들은 한동안 을사오적이 친일파의 전부인 것처럼 생각하기도 했다.

을사오적은 1905년 을사늑약 체결에 찬동한 이완용 등 5명의 매국 대신들을 일컫는다. 한민족의 역사가 이어지는 한, 이들 5명의 매국노는 천추만대에 역적으로 기록될 것이다.

그렇다면 친일파는 이들 을사오적이 처음일까? 그렇지 않다. 이들보다 무려 30년 전에 일제에 협력한 조선인이 하나 있었다. 그역시 조선의 관리였다. 친일파 연구에 일생을 바친 임종국은 그를 가리켜 '친일파 1호'라고 불렀다.

일제의 정탐선 〈운요호〉의 모습.

그는 언제, 어떤 연유로 친일파가 되었을까. 또 구체적으로 어떤 민족반역 행위를 했으며, 그의 말로는 어떠했을까?

1876년 2월 4일 강화도 초지진 앞바다에 일본 군함 한 척이 모습을 드러냈다. 군함에는 일본 정부의 특명전권변리공사(特命全權辯理公使) 구로다 기요타카(黑田淸隆) 일행이 타고 있었다. 구로다 일행은 6개월 전에 발생한 〈운요호(雲揚號)〉 사건을 빌미로 조선과 강제로 수교조약을 맺으러 오는 길이었다.

〈운요호〉 사건에 대해 간단히 설명하자면, 메이지유신(明治維新)으로 근대화한 일본은 대륙 침략을 위한 첫 단계로 한반도를 침략할 기회를 노렸다. 그러나 대원군의 쇄국정책으로 뜻을 이루지 못하자 일단 1874년 5월 대만을 정벌했다. 이듬해 일본은 조선 근해의 해안 측량을 구실로 군함 두 척을 부산에 파견했다. 이들은 동해안과 남해안 일대에서 무력시위를 벌였는데 그중 한 척인

〈운요호〉의 포격으로 초지진의 조선 수비병은 큰 피해를 입었다.

〈운요호〉가 1875년 9월 20일 강화도 동남방 난지도(蘭芝島)에 닻을 내렸다.

〈운요호〉에 탑승한 일본 수병은 난지도 인근의 해로를 탐측하면서 담수(淡水) 보급을 위한 명목으로 초지진으로 침입했다. 이에 강화해협을 방어하던 조선 수비병이 정당방위 차원에서 일본의 보트에 포격을 가했다. 이에 일본 수병들은 〈운요호〉로 철수하면서 초지진에 맹렬한 보복 포격을 가했다. 조선 수비병은 근대식 대포와 소총으로 무장한 일본군을 당해낼 수가 없어 큰 피해를 입은 반면 일본 측은 경상자 2명이 고작이었다.

그러나 이 사건은 일본 측에 좋은 구실을 제공했다. 일본은 〈운요호〉 사건을 핑계로 1876년 1월 조선에 군함과 함께 전권대사를 보내 협상을 강요했다. 일본은 〈운요호〉 사건에 대한 책임을 물어 조선 정부의 사죄, 조선 영해의 자유 항행, 강화 부근 지점의 개항 등을 조건으로 내세웠다. 표면상으로는 〈운요호〉 사건의 평화적 해결과 통상수호조약 체결을 내걸었지만 속셈은 조선을 강제 개국시켜 장차 대륙 침략의 교두보로 삼을 요량이었다.

조선과 조약을 체결하기 위해 구로다가 타고 온 군함에는 무려 800여 명이 타고 있었다. 그런데 그 일행 가운데는 일본인 복장을 한 조선인 1명이 끼여 있었다. 그의 이름은 김인승(金麟昇). 그는 〈운요호〉 사건 이전부터 일본 측과 내통하면서 일본을 도와왔다. 이제 그 마무리 작업인 조약(강화도조약) 체결을 돕기 위해 구로다의 통역으로 동행한 것이었다.

김인승의 친일 행적이 드러난 것은 그리 오래지 않다. 김인승이 일본 외무성의 외국인 고문으로 고용돼 비밀리에 활동한 까닭에 국내에는 그의 흔적이 전혀 남아 있지 않기 때문이다. 친일파 연구의 선구자인 임종국조차도 '김인승'이라는 이름 석 자만을 겨우 기록해뒀을 뿐이다. 몇몇 역사학자 역시 논문에서 김인승의 이름을 언급한 바는 있으나 그의 전모를 밝히지는 못했다.

김인승의 친일 행적이 세상에 공개된 것은 지난 1996년 2월이다. 당시 도쿄대 외국인 연구원으로 있던 구양근 성신여대 교수(후에 성신여대 총장 역임)가 발표한 한 논문을 통해 전모가 처음 세상에 드러났다. 구양근은 일본 외무성 사료관에서 입수한 3건의 자료를 토대로 「일본외무성 7등출사(七等出仕) 세와키 히사토(瀬脇壽人)와 외국인 고문(顧問) 김인승」이라는 논문을 발표했다. 이 논문을 토대로 '친일파 1호' 김인승의 친일 행적을 추적해보자.

김인승(생몰연대 미상)은 함경북도 경흥 태생으로 김해가 본관이다. 7대조 때 경흥으로 이사한 뒤로 그의 집안은 토반(土班, 지방의 양반)으로 전락했다. 그는 16세 때부터 경흥부(慶興府)에 근무하면서 상당한 직책을 맡기도 했다. 그러나 이 지역에 대홍수와 기근이 몰아치던 1869년에 모종의 일로 지방 수령과 의견충돌 끝에 관직을 그만두고 두만강을 건너 러시아 땅 니코리스크(블라디보스토크 북방 50리 지점)로 도망쳤다.

당시 니코리스크에는 식량을 찾아 떠나온 조선인 유랑민이 대거 모여서 살고 있었다. 한학 실력이 출중했던 김인승은 학교를 열어 조선인 유민의 아이들을 가르치며 생계를 유지했다. 그러던 중에 우연히 다케후지 헤이가쿠(武藤平學)라는 일본인과 사귀게 되었다. 다케후지는 원래 양학(洋學)을 공부하려고 집을 나왔다가 블라디보스토크까지 흘러오게 된 사람인데 이 다케후지가 나중에 김인승을 친일의 길로 인도하게 된다.

그 무렵 러시아는 부동항을 찾아 남진정책을 추진했다. 이에 일본 정부는 1875년 4월 외무성 7등출사 세와키 히사토를 블라디보스토크와 포셋 지방에 파견해 러시아와 교섭하게 했다. 세와키는 공식적으로는 일본 외무성이 블라디보스토크에 무역사무소를 개설하기 위해 파견한 외교관이었지만 사실은 정탐꾼이나 마찬가지였다. 일본 외무성이 그에게 준 '출장명령서'에는 임무의 대부분이 '탐색', '정탐'으로 나와 있다.

놀라운 것은 명령서 내용의 절반이 조선에 관한 것이었다는 점이다. 한 예로 "조선인을 고용하여 조선 땅으로 들어가서 토지·

풍속 등을 탐색하고 올 것"이라고 명기돼 있다. 그러나 어떤 연유에서인지 세와키는 조선에 들어가지 못했다. 대안을 찾던 세와키는 다케후지를 통해 김인승을 소개받았다. 김인승의 학식과 경험을 높이 평가한 세와키는 귀국길에 그를 일본으로 데리고 갔다.

당시 대륙 진출에 혈안이 되어 있던 일제는 해외정보를 수집하기 위해 지역 전문가들이랄 수 있는 외국인 고문(顧問)을 다수 고용하고 있었다. 〈운요호〉 사건(1875)을 전후한 1874~1875년 무렵에는 그 수가 무려 2,000명에 달했다. 당시 일제는 조선에 '황국의 군현(郡縣)'을 설치하여 이를 근거로 대륙을 침략할 계획을 세워놓고 있었다. 외국인 고문 채용은 이에 대비한 사전포석이었다. 그리고 그 첫 군사 행동이 〈운요호〉 사건이었다.

일본 입장에서 김인승은 최적임자로 꼽혔다. 1875년 7월에 세와키를 따라 일본으로 건너온 김인승은 〈운요호〉 사건 발생 직전에 1차로 3개월간(8. 1.~10. 30.) 일본 정부와 외국인 고문 고용계약을 맺었다. 당시 일본 외무성은 '조선 전문가'인 그에게 첫째 만주지방 지도 작성, 둘째 북방 사정 탐색, 셋째 조선 침략용 지도 작성, 그리고 기타 필요한 사항에 대한 자문 등을 요구했다.

이 가운데 김인승이 가장 크게 이바지한 부분은 '조선'에 관한 사항이었다. 일본 육군 참모국이 1875년에 조선 침략용으로 작성한 「조선전도(朝鮮全圖)」는 김인승의 자문을 받아 작성되었다. 지도 하단부에 적혀 있는 "조선 함경도인 모(某)씨에게 친히 그 지리를 자문받고……."의 모씨는 김인승을 가리킨다. 지도 외에도 당시 조선 사정을 일목요연하게 정리한 『계림사략(鷄林事略)』 역시 김인

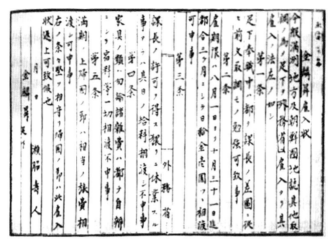

김인승이 일본 외무성과 체결한 '외국인 고문 고용계약서'.

승의 자문을 받아 출간됐다.

이 같은 공로(?) 덕분인지 김인승은 1차 계약 기간 중인 10월부터 급료가 월급제로 바뀌면서 액수도 2배로 늘었다. 당시 일본 외무대신 데라시마 무네노리(寺島宗則)는 태정대신(太政大臣, 총리)에게 보낸 편지에서 김인승을 극찬했다.

조선어는 물론 한학, 시문이 능통하여 아주 유용한 인물로…… 한지(韓地, 조선)에서도 쉽게 구할 수 없는 인물입니다.

강화도조약 체결을 앞두고 일본 정부는 김인승을 유용하게 활용할 계획을 세웠다. 실제로 그는 강화도조약 체결(1876년 2월 27일) 이후까지 근 1년 가까이 도쿄에 머물면서 조선 침략을 위한 갖가지 정보를 제공하고 조언을 했다. 그중에서도 일본에 결정적인 공헌을 한 것은 역시 강화도조약 체결 과정에서였다.

1876년 초 강화도조약 체결을 앞두고 일본 정부 대표인 구로다 특명전권공사가 동행을 요구했다. 김인승은 기다렸다는 반색을 하며 이렇게 말했다.

이번 수행에서도 만약 머리를 깎지 않고 의복을 바꾸지 않으면 이는 제가 조선인을 자처하는 일이며 일본인의 입장에 처하는 것이 아니니 어찌 황국의 신임을 받을 수 있겠습니까.

그는 구로다가 타고 온 군함에 탑승하기 전에 상투를 자르고 의복도 일본식으로 갈아입었다. 심지어 그는 "끓는 물, 타는 불 속이라도 어찌 고사하겠는가?"라며 일제에 충성을 맹세했다.

조선 정부의 관리 출신인 김인승이 친일파로 전락한 것이 단순히 돈 때문이었는지, 아니면 다른 특별한 연유가 있었는지는 알 길이 없다. 그 무렵 그는 완벽한 일본인이 돼 있었던 셈이다.

1876년 2월 4일 강화도에 도착한 구로다 일행은 1주일 만인 2월 10일 강화부(江華府)에 상륙했다. 조선 정부와의 담판은 이튿날인 11일부터 시작됐는데 조약이 체결되기까지는 보름 정도가 걸렸다. 이 기간 동안 김인승은 강화도 앞바다에 정박한 일본 군함에 머무르면서 공문을 한문으로 번역하고 이를 수정하는 책임을 맡았던 것으로 보인다.

〈운요호〉 사건의 결과로 한일 간에 체결된 강화도조약은 병자

총 12조로 구성된 '병자수호조약' 조문.

년에 체결됐다고 해서 '병자수호조약(丙子修好條約)'으로도 불리는데 정식 명칭은 '조일수호조규(朝日修好條規)'다. 총 12조로 구성된 병자수호조약의 골자는 다음과 같다.

① 조선은 자주의 나라로 일본과 평등한 권리를 가진다. (제1조)

② 양국은 15개월 뒤에 수시로 사신을 파견하여 교제 사무를 협의한다. (제2조)

③ 조선은 부산 이외에 두 항구를 20개월 이내에 개항하여 통상을 허여한다. (제5조)

④ 조선은 연안 항해의 안전을 위해 일본 항해자로 하여금 해안 측량을 허용한다. (제7조)

⑤ 개항장에서 일어난 양국인 사이의 범죄 사건은 속인주의

에 입각하여 자국의 법에 의하여 처리한다. (제10조)

⑥ 양국 상인의 편의를 꾀하기 위해 추후 통상 장정을 체결한
다. (제11조)

이 가운데 핵심은 1조, 5조, 7조, 10조 등 4가지다. 1조에서 조
선이 자주국임을 천명한 것은 조선과 청나라와의 관계를 악화시
키기 위함이었다. 5조에서 부산에 이어 원산과 인천을 개항케 한
것은 통상(通商) 업무 이외에 일본의 정치적·군사적 침략 의도가
내포된 것이었고, 7조에서 조선 연해 측량권을 얻어낸 것은 한반
도 상륙 시 정탐을 위한 목적이었으며, 10조는 조선의 개항장 3곳
에서 일본인의 치외법권을 인정토록 한 것이었다.

강화도조약은 조문 가운데 어느 것 하나 조선에 유리한 것이
없었다. 모두 일본 측에 유리한 내용들뿐이었다. 이 조약은 조선
이 외국과 체결한 최초의 조약이자 최초의 불평등 조약으로 기록
되고 있다. 국력이 약한 조선으로서는 통탄할 일이었으나 일본으
로서는 축배를 들고도 남을 일이었다. 김인승의 공이 컸음을 두말
할 필요도 없다.

김인승은 양국의 협상 과정에서 일본 측에 다각도의 조언을 했
다. 그는 구로다에게 '조선 관리 설득방책 18개항'을 서면으로 제
출하기도 했다. 여기에는 협상 시 전신기 사용을 권장하는 내용에
서부터 "여러 말 할 필요 없다. 청국은 그처럼 인구가 많고 땅이
넓은데도 먼저 일본에 강화조약을 청하여 맺었다. 두루 살펴 깊이
생각하라."(18항)는 등 공갈·협박성 문구도 들어 있다. 조선 측 협

강화 연무당에서의 병자수호조약 체결 장면.

상 대표를 어르고 달래다가 필요하면 협박도 하라고 조언을 아끼지 않은 것이다.

평소 김인승은 '직량(直亮, 몸이 반듯하고 곧으며 성실함)'한 성격에 동포애도 강한 인물이었다고 한다. 게다가 조선의 전통적 선비정신도 갖췄던 인물로 알려져 있다. 그런 인품의 소유자였던 김인승이 일본의 앞잡이로 전락한 것은 안타까운 노릇이 아닐 수 없다.

친일파로 변신한 김인승은 일본과 조선은 '상맹상통(相盟相通)의 나라'라고 강변했다. 뒷날 1910년 한일병탄 후에 친일파들이 일본과 조선을 두고 '동조동근(同祖同根)', 즉 일본과 조선은 조상이 같은 한 뿌리에서 비롯된 민족이라고 주장한 것과 크게 다르지 않다. 친일파들의 궤변은 시대를 넘어 일맥상통하고 있다.

강화도조약 체결을 성공리에(?) 끝낸 김인승은 일본으로 돌아왔다. 이후 일본에서의 행적에 대해서는 자세히 알려진 것이 없다. 얼마 뒤 그는 러시아로 되돌아갔다. 러시아로 떠나기 전 그가 도쿄에서 남긴 한 통의 편지에는 이렇게 적혀 있었다.

거리에서 듣기 불편한 말들이 들리고 길을 걸으면 조심스럽고 두려운 마음이 든다.

그가 민족을 배신한 대가로 일본인들로부터 받은 것은 칭송이나 존경은커녕 멸시와 증오였다. 배족(背族)의 대가로 높은 벼슬에 큰돈을 손에 쥐게 됐을지는 몰라도 자기 민족을 배반한 사람을 우러러볼 사람은 세상 어디에도 없는 법이다.

'친일파 1호' 김인승.

그의 비참한 말로를 봤다면 그 이후 친일파들이 생겨나지 않았을지도 모른다. 그의 친일 행각은 100년이 넘도록 일본 외무성 사료관 서고에서 잠들어 있었다. 그러나 역사에 영원한 비밀은 없으며, 진실은 언젠가는 밝혀지고 마는 법이다. 반역의 역사는 더 말할 것도 없다.

11

매국노와 독립운동가,
또 하나의 공방

이완용 VS 김가진, 독립문 현판 글씨의 주인은 누구인가?

서울시 서대문구 독립문 네거리에 서 있는 '독립문'은 서재필, 윤치호 등 개화파 인사들이 주도하여 세웠다. 1896년 7월 독립협회를 결성한 이들은 앞서 그해 4월 7일 「독립신문」을 창간한 데 이어 이듬해 11월 청나라 사신을 맞아 대접하던 영은문(迎恩門)을 헐고 그 뒤편에 독립문을 세웠다. 독립문은 프랑스 파리의 개선문을 본떠 만든 것으로, 건축가 사바틴이 설계하고 토목·건축공사는 한국인 건축기사 심의석이 담당했다.

화강석을 층층이 쌓아 만든 이 문의 중앙에는 무지개 모양의 홍예문이 있고, 왼쪽 내부에는 정상으로 통하는 돌층계가 있다. 또 정상에는 돌난간이 둘러져 있으며, 홍예문의 가운데 이맛돌에는 조선왕조의 상징인 오얏꽃[李花] 문양이 새겨져 있다. 문양 위의

서울시 서대문구 독립문 네거리에 있는 독립문.

앞뒤에는 한글(시내 쪽)과 한자로 '독립문'이라고 쓴 돌 편액이 붙어 있고, 그 양 옆에는 태극기가 새겨져 있다. 독립문 앞에는 사적 제 33호인 영은문 주초(柱礎) 2개가 서 있다.

'독립문'의 '독립'은 누구로부터의 독립일까? 흔히 일본으로부터의 독립으로 생각하기 쉬운데 그렇지 않다. 독립문이 준공된 1897년 11월 20일 당시만 해도 우리 주권이 일본으로 넘어가지는 않았다. 독립문을 세운 자리가 과거 중국 사신들을 맞이하던 영은문 자리인 것을 감안하면, 당시 개화파들이 주장한 독립은 일본도, 미국도, 러시아도 아닌, 청나라로부터의 독립이었다. 독립문 건설이 결정된 날 독립협회가 "조선이 몇 해를 청(淸)의 속국으로 있다가 하느님의 덕으로 독립했다."며 기뻐한 것만 봐도 알 수 있다.

이런 연유로 일본은 조선을 통치하던 시절에도 독립문을 헐지

영은문을 헐고 그 뒤에 세운 독립문. 가운데 한옥은 모화관을 개조한 독립관이며, 원 안은 영은문 주초(柱礎)다.

않았다. 헐기는커녕 오히려 보호와 배려를 했다. 조선총독부는 1928년 경성부(오늘날 서울시)를 통해 독립문 상단부에 보수공사를 해주었으며, 8년 뒤인 1936년엔 독립문을 아예 '고적 제58호'로 지정하기도 했다. 따라서 현재 독립공원 입구에 있는 독립문이 항일투쟁의 정신적 상징처럼 인식되고 있는 것은 역사적 사실과 맞지 않다. 독립문에는 항일독립은커녕 매국노의 상징인 이완용의 그림자가 어른거리고 있다.

이완용은 독립문과 깊은 인연이 있는 사람이다. 독립문 건설의 주체 격인 독립협회 창설에 주도적 역할을 했을 뿐만 아니라 독립협회 창립총회에서 위원장으로 선출되었으며, 제2대 회장을 지내기도 했다. 회장이 된 이완용은 협회 재정에 크게 이바지했으며 만민공동회를 개최하는 등 협회 운영에도 깊숙이 관여했다. 이런

중국 사신을 맞이하던 영은문. 하단부는 돌 주초, 상단부는 목재 문으로 구성돼 있다.

공로 때문인지 「독립신문」은 1897년 11월 11일자 논설에서 이완용을 "대한의 몇째 안 가는 재상"이라고 칭송하기도 했다.

'독립문' 편액 글씨를 쓴 사람에 대해서는 2가지 주장이 있다. 하나는 매국노 이완용이 썼다는 것이고 다른 하나는 구한말에 대신을 지낸 독립운동가 김가진(金嘉鎭)이 썼다는 것이다. 논란의 여지가 전혀 없는 것은 아니나 현재까지 나온 객관적 기록과 방증 자료만을 가지고 얘기한다면 독립문 편액은 이완용이 썼을 가능성이 있다. 이를 입증하는 '유일한' 역사적 기록은 「동아일보」에 실린 '내 동리 명물(名物)'이라는 고정 연재물에 실린 내용이다. 그 내용은 다음과 같다.

교북동 큰길가에 독립문이 있습니다. 모양으로만 보면 불란서

매국노의 대명사 이완용.

파리에 있는 개선문과 비슷합니다. 이 문은 독립협회가 일어
났을 때 서재필이란 이가 주창하여 세우게 된 것이랍니다. 그
위에 새겨 있는 '독립문'이란 세 글자는 이완용이가 쓴 것이
랍니다. 이완용이는 다른 이완용이가 아니라 조선귀족 영수
후작 각하올시다.

_「동아일보」 1924년 7월 15일자.

독립문 편액 글씨를 쓴 사람을 구체적으로 적시한 기록은 현재
까지는 이것이 유일하다. 구한말 대신을 지낸 김가진이 썼다는 주
장에 앞서 이완용이 썼다는 주장부터 살펴보자.
이완용은 당대의 뛰어난 서예가였다. 1918년 서화협회가 결성
되었는데 이를 주도한 사람은 이완용을 비롯해 당대의 유명 서예
가·화가인 조석진, 안중식, 정대유, 김응원, 강진희, 강필주, 이도
영 등이었다. 그해 10월 제1차 정기총회에서 총재와 고문단을 선

'독립문' 편액 글씨. 왼쪽 한자는 무악재 쪽이며, 오른쪽 한글이 시내 쪽임.

출했는데, 이완용은 민병석·박기양·김가진 등과 함께 고문으로 선출되었다. 이들 가운데 상당수는 조선미술전람회(조선미전)의 심사를 맡았는데, 이완용은 박영효와 함께 1~4회까지 서예 부문 심사를 맡았다.

조선시대 규장각 소속으로 '사자관(寫字官)'이라는 벼슬이 있었다. 사자관은 각종 외교문서와 어제(御製) 등을 정서(正書)하는 관직으로 주로 당대의 명필들이 임명되었다. 그런데 사자관과 비슷한 직함으로 '서사관(書寫官)'이라는 벼슬이 있었다. 이는 새 건물의 현판 등을 쓰는 관직으로, 한시적이거나 겸직하는 경우가 많았다. 그런데 조선 후기 유명한 서사관으로 이완용을 꼽는데, 여러 기록에서 그 사례가 발견되고 있다.

우선『일성록(日省錄)』건양 1년(1896년)조에 덕수궁의 숙목문(肅穆門) 현판 글씨를 쓸 서사관으로 당시 외부대신이었던 이완용의 이름이 나와 있고, 대한제국 광무(光武) 8년(1904년)의 중건도감 별단에는 당시 궁내부 특진관 이완용이 중화전 상량문 서사관으로 이름이 올라 있다. 또『승정원일기』고종 36년(1899년) 6월조에 따르면,

이완용이 독립문 편액을 썼다고 기록한 「동아일보」 1924년 7월 15일자 기사.

고종이 전주 완산 비문(碑文) 서사관으로 이완용을 직접 지명한 기록도 있다. 이런 기록을 통해 볼 때 이완용이 당대의 명필로 인정받았던 것은 분명해 보인다.

이완용의 자서전 『일당기사(一堂紀事)』에 따르면, 이완용은 1923년 김천 직지사의 대웅전 및 천왕문의 편액을 썼으며, 이밖에도 창덕궁 함원전 등 현판 10여 종의 글씨를 썼다는 기록이 있다. 2008년 문화재청이 직지사 대웅전을 보물로 지정하는 과정에서 매국노 이완용이 쓴 편액이라고 해서 논란이 되기도 했다.

이완용은 서사관으로 임명돼 궁궐의 현판을 쓰는 등 말하자면 '국가공인 명필'이라고 할 수 있다. 예술의 전당 학예연구사 이동국(서예사 전공)은 "이완용은 행서와 초서가 뛰어났다."고 밝힌 바 있다. 그동안 공개된 이완용의 필적을 보면 그는 행서(行書)를 즐겨 쓴 편이다. 행서는 정자체(正字體)인 해서(楷書)와 흘림체인 초서(草書)의 중간서체로 미적인 감각이 우수한 글씨체라고 할 수 있다.

위 내용을 종합하면 이완용은 독립문을 세운 독립협회에도 깊이 관여했으며, '국가공인 명필'이라고 할 정도로 글씨도 잘 쓴 것은 분명한 사실이다. 이런 사실을 근거로 언론인 출신의 윤덕한은

이완용이 쓴 직지사 대웅전과 천왕문 현판.

『이완용 평전』(중심, 1999)에서 독립문 편액은 이완용의 글씨가 맞다고 주장했다.

> 100% 이완용 글씨입니다. 정동파가 중심이 돼 창립한 독립협회지요. 외부대신 이완용은 발기인 가운데 보조금도 가장 많이 냈고 위원장이 되어 독립문 건립을 주도했어요. 김가진도 발기인이긴 했지만 그는 친일파였어요. 정동파가 주도한 사업에 현판 글씨를 쓰겠다고 나설 입장이 아니었습니다.

그러나 이것만으로 이완용이 독립문 편액을 썼다고 단정하기에는 석연찮은 구석이 없지 않다. 크게 3가지 이유를 들 수 있다.

첫째, 자서전인 『일당기사』에 따르면, 이완용은 66살 되던 해인 1923년 1월 11일 직지사에 2개의 편액(대웅전, 천왕문)을 써서 내려보냈다. 하지만 『일당기사』에는 이완용이 독립문 편액 글씨를 썼다는 기록은 없다. 시골의 일개 사찰에 현판을 써준 일까지 일일

해서체로 쓴 이완용의 글씨들.

이 기록해놓고 있으면서 정치·사회적으로 의미가 큰 독립문 편액을 썼다면 이를 기록해두지 않았을 리가 없다.

둘째, 「동아일보」 1924년 7월 15일자에 실린 '내동리 명물'이라는 고정 연재물의 신뢰도 문제다. 이 글은 「동아일보」 기자가 취재해서 쓴 정식 기사가 아니라 당시 교북동 125번지에 살고 있던 한 주민의 이야기를 실은 것으로, 일종의 독자투고다. 따라서 이 글을 토대로 이완용이 독립문 편액을 썼다고 단정하기에는 근거가 약하다.

세 번째로 글씨체 문제다. 독립문 편액은 한글, 한자 모두 이완용의 글씨체와는 상당한 차이가 있다. 이완용의 글씨는 주로 해서체이며 획이 날카로운 반면 독립문 편액은 글씨 획의 끝이 뭉텅하여 선이 굵고 힘찬 것이 특징이다. 역사적 기록을 통한 고증 여

동농 김가진.

부는 차치하고라도 글씨의 체형이나 서법만 놓고 볼 때 이완용의
글씨와는 큰 차이가 있다는 주장이다.

'이완용 설'을 반박하고 나선 사람은 구한말 대신 출신으로 나
중에 상해 임시정부에서 활동한 독립운동가 김가진(1846~1922)의
손자이자 대한민국임시정부기념사업회 회장인 김자동(金滋東)이다.

김가진은 이완용과 비슷한 이력을 갖고 있다. 김가진은 1896년
독립협회가 창설될 때 이상재 등과 함께 위원으로 선출돼 독립문
건립에도 기여했으며, 1918년 이완용 주도로 결성된 서화협회 고
문으로 선출되기도 했다. 말하자면 김가진 역시 당대의 명필 가운
데 한 사람이었던 것이다. 그의 손자 김자동은 2010년 「한겨레」에
다음과 같은 기고문을 실었다.

독립협회 결성의 주역 중 한 사람이던 할아버지는 당대 명필로도 꼽혀 서대문 밖에 세운 '독립문'의 한자·한글 제자 모두 쓰셨다. 비원에 있는 현판도 대부분 할아버지 글씨다. 독립문의 제자가 '역적' 이완용의 글씨로 일부 잘못 알려져 있는데, 육안으로 서체만 비교해도 틀린 주장임을 알 수 있다.

_「한겨레」, 2010년 1월 3일자.

같은 해에 김씨는 「중앙선데이」와의 인터뷰에서도 이런 주장을 폈다.

우리 집안에서는 당연히 할아버님 글씨로 알고 있습니다. 강단이 남달랐던 어머니(정정화, 1900~1991)의 회고록 『장강일기(長江日記)』에도 한문과 한글 현판을 정성 들여 쓰셨다고 나와 있고요. 어머니는 홀로 상해에 건너가 시아버지를 모셨어요. 할아버님은 1903년 중추원 부의장으로 계셨을 때, 비원 감독직을 맡아 창덕궁 모든 현판 글씨들도 쓰셨습니다. 서예 전문가나 정통한 감정가라면 한눈에 알 수 있는 문젭니다. 52세의 농익은 동농(김가진의 호) 글씨가 분명해요. 동농 선생은 송나라 때 명필 미불의 글씨를 즐겨 쓰셨어요. 세로보다 가로가 더 길게 보여서 중후하고 넉넉하지요. 이완용은 당나라 안진경체를 즐겨 썼는데, 이완용 글씨는 세로로 길고 옹색한 맛이 있습니다. 글씨에 성품이 그대로 드러나요.

_「중앙선데이」, 2010년 9월 18일자.

당사자 후손들의 증언이나 기록은 객관성을 담보하기 어려운 측면이 있다. 그렇다면 김씨가 언급한 제3자격인 서예 전문가의 의견은 어떠할까?

감정 권위자인 서예가 김선원(66)씨는 '문 문(門) 자'와 '설 립 (立) 자'의 체형을 조목조목 짚어가며 단언했다. 이완용 글씨로 알려진 경복궁 함원전(含元殿) 현판 글씨도 마찬가지라고 지적한다. 완숙한 독립문 글씨와는 체형과 서법이 전혀 다르다고 한다.

위 내용은 같은 날짜 「중앙선데이」에 실린 내용이다. 서예가 김선원이 감정한 견해에 따르면, 독립문 편액 글씨는 체형과 서법으로 볼 때 이완용이 아닌, 김가진이 쓴 글씨라는 말이다. 이완용이 썼다는 창덕궁 함원전 편액과 김가진이 쓴 공주 신원사 대웅전 편액 글씨를 비교해보면 글씨체가 다름을 알 수 있다. 특히 마지막 '전(殿)' 자에서 확연한 차이를 느낄 수 있다.

김가진이 남긴 글씨를 몇 개 더 살펴보자. 1903년 김가진은 창덕궁 후원의 감독을 맡아 이곳의 몽룡정(夢龍亭), 부용정(芙蓉亭), 애련정(愛蓮亭), 희우정(喜雨亭), 금마문(金馬門), 폄우사(砭愚榭), 운경거(耘耕居) 등의 편액을 두루 썼는데 하나같이 글씨체가 뭉턱하며 예리하지 않은 스타일이다. 이는 독립문 편액 글씨체와 맥을 같이하고 있다.

한글과 한문으로 된 독립문 두 편액 가운데 한글 편액을 비교

이완용이 쓴 경복궁 함원전 편액(위)과 김가진이 쓴 공주 신원사 대웅전 편액(아래).

할 만한 김가진의 한글 편액 글씨는 전하는 것이 없다. 따라서 현재로선 비교 가능한 것은 김가진이 남긴 한문 편액뿐이다.

> 김가진이 쓴 편액 가운데 '금마문(金馬門)' '몽룡문(夢龍亭)' 등의 점획을 '독립문(獨立門)' 글씨체와 비교해보면 서로 닮은 점이 많다. 네모진 단정한 글자틀, 붓끝을 드러내지 않은 중봉세의 점획, 부드럽고 차분한 짜임새 등이 매우 닮았다. 특히 '문(門)' 자는 획법과 짜임이 흡사하나 네 번째 획의 위로 삐침 여부가 차이가 나는 정도다.
> _ 김자동, 『임시정부의 품 안에서』, 푸른역사, 2014, 19쪽.

독립협회는 출범 후 독립관에 현판을 내걸었다. 독립협회의 현

김가진이 쓴 몽룡정 편액(위)과 금마문 편액(아래).

판은 현재 실물이나 사진이 전해오지는 않으나 현판 글씨를 쓴 사람이 분명하게 나와 있다. 1897년 5월 27일자 「독립신문」에 "왕태자 전하께서 친필로 독립협회 네 글자를 써 내리신 것을 현판을 만들어 이달 이십삼일 독립관에 달 때에 내부(內部) 지방국장 김중환 씨도 독립협회 위원이 되었다더라."는 기사가 실려 있다.

1898년 「독립신문」 제4면 '잡보'(오늘날 사회면에 해당)란에 독립문과 김가진과 관련된 재미난 기사가 하나 실려 있다. 이 기사를 통해 김가진이 독립문에 각별한 관심을 갖고 있었음을 알 수 있다. 김가진은 농상공부 대신을 거쳐 독립문 건립에 참여한 후 당시 황해도 관찰사로 나가 있었다.

황해도 관찰사 김가진 씨가 해주 먹판을 금번에 새로 만들어

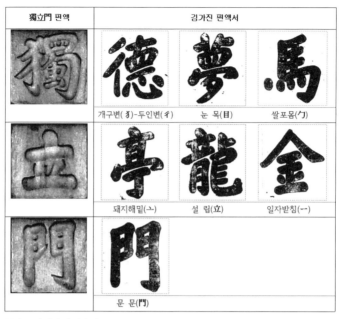

獨立門 편액	김가진 편액서		
獨	德	夢	馬
	개구변(犭)-두인변(彳)	눈 목(目)	쌀포몸(勹)
立	亭	龍	金
	돼지해밑(亠)	설 립(立)	일자받침(一)
門	門		
	문 문(門)		

독립문 편액과 김가진의 글씨 비교분석.

먹에 박아서 전국에 반포했다더라. 그 먹 전면에는 제국 독립
문(帝國 獨立門)이라 박아 도금했고 후면에는 독립문을 온통 모
본하여 박고 국기와 독립문에는 또한 도금을 했다더라. 물건
에까지 이렇게 판각을 했으니 김씨의 마음에 독립이자 사랑
하는 것을 깊이 치사하노라. 전국 인민이 일심으로 애국하여
독립이자 생각하기를 이 먹에다 각(刻)한 것과 같이 함을 우리
는 바라노라.

_ 「독립신문」, 1898년 1월 25일자.

독립문 편액을 언제, 누가 썼는지 알려주는 정확한 기록이 없는

「독립신문」 1898년 1월 25일자 기사.

이상 서체 고증을 통해서 판단할 수밖에 없다. 그동안 「동아일보」 기사를 근거로 글씨 주인공이 이완용으로 알려져 왔으나 의심할 만한 대목이 적지 않다. 앞에서 소개한 대로 글씨체로 감정한 결과 독립문의 한문 편액은 김가진의 필적으로 추정된다. 또 한문 편액과 같은 필치인 한글 편액 역시 김가진의 필적으로 추정된다. 딱 부러지는 증거가 나오지 않은 한 김가진을 독립문 편액 주인공으로 봐야 할 것이다.

12

독립운동가 김구와 인간 김구, 비운의 한평생

독립운동에 평생을 바치고 아내와 네 자녀 앞서 보낸 김구의 신산한 삶

1948년 3월 12일.

옛 조선총독부 청사에 자리 잡은 미 군정청 제1회의실에서 장덕수(張德秀, 1894~1947) 피살사건에 대한 증인신문이 열렸다. 「동아일보」 주필, 보성전문학교 교수 등을 지낸 장덕수는 해방 후 송진우, 김성수 등과 함께 한국민주당(한민당) 창당을 주도해 외교부장을 지내며 해방 공간에서 중요한 인물로 부상했다. 그런 장덕수가 1947년 12월 2일 자신의 집에서 종로경찰서 경사 박광옥 등이 쏜 총에 맞아 사망했다.

오전 9시 45분 무렵, 미군 헌병이 두 번째 증인을 데리고 들어섰다. 검은 두루마기에 검은 구두, 굵은 검정 테 안경에 자주색 토시를 끼고 검정색 중절모를 들고 증인은 천천히 걸어서 법정 한

'장덕수 피살사건'의 배후인물로 지목돼 미 군정청에서 열린 재판에 증인으로 출석한 김구.

복판에 놓인 증인석에 조용히 앉았다. 증인은 민족지도자 백범 김구였다. 공범 가운데 한 사람인 김석황이 백범이 이끌던 한국독립당(한독당) 간부여서 백범이 배후인물로 의심을 받고 있었다.

잠시 뒤 검사의 인정심문이 시작됐다. 먼저 증인의 이름과 나이, 주소 등을 확인한 다음 검사가 물었다.

"직업은 무엇이오?"

검사의 말이 떨어지기가 무섭게 '증인' 김구가 답했다.

"내 직업은 독립운동이오!"

김구는 한 치의 망설임도 없이 자신의 직업을 '독립운동'이라고 말했다. 이날 기자석에서 취재를 하던 「조선통신」 사회부 기자 조덕송은 이 순간을 두고 "가슴이 빽빽해지도록 치밀어 오르는 뜨거운 감격에 자기를 주체하지 못했다. 정말 명답이 아닌가! 나는 눈시울까지 뜨거워짐을 의식했다."라고 회고록 『머나먼 여로』(다다, 1989)에서 썼다. 이로부터 사흘 뒤인 3월 15일 김구는 증인으로 한 차례 더 출석했다.

스스로 자신의 직업을 '독립운동'이라고 밝혔듯이 김구의 일생은 그야말로 독립운동 자체였다. 혈기 방장한 청년 시절부터 중국으로 망명해 해방 때까지 중국 전역을 떠돌며 그는 임시정부의 간판을 지고 다녔다. 해방된 조국에 돌아와서는 분단을 막기 위해 노구를 이끌고 38선을 넘었으며, 1949년 안두희의 흉탄에 쓰러질 때까지 그의 일생은 오직 조국의 독립과 완전한 통일국가 건립이라는 필생의 과제에 바쳐졌다.

1924년 2월 18일자 「동아일보」에 이색적인 묘비 사진 한 장이 실렸다. 묘비의 주인공은 백범의 아내 최준례. 묘비 주위로 선 사람들은 백범과 모친 곽낙원, 그리고 두 아들 김인(金仁)과 김신(金信) 등 일가족이었다.

최준례는 김구가 망명해서 독립운동을 하고 있던 상해에서 폐렴으로 고생하다 생을 마쳤다. 당시 임정 내무총장을 맡고 있던 김구는 신변의 위협 때문에 아내의 마지막 가는 길조차 함께하지 못했다. 두 사람이 "재미있는 가정을 꾸린" 기간은 상해에서 함께 보낸 3~4년이 고작이었다. 자신의 여인 하나 지켜주지 못한 채 망명지에서 젊은 아내를 떠나보낸 흉중(胸中)이 어떠했을까.

최준례 묘비의 비문은 한글학자이자 독립운동가인 김두봉(金枓
奉)이 썼는데 여느 비문과는 좀 다르다. 한글로 '최준례 묻엄', '남
편 김구 세움'이라고 쓴 것도 그렇거니와 출생·사망일을 아라비
아 숫자 대신 순 한글 자음으로 표기했다.

ㄹㄴㄴㄴ해 ㄷ달 ㅊㅈ날 남
대한민국 ㅂ해 ㄱ달 ㄱ날 죽음

출생일자의 연도에 해당하는 'ㄹ'은 아라비아 숫자로 치면 ㄱ-
ㄴ-ㄷ에 이어 네 번째이니 '4'를 말한다. 이런 식으로 읽으면 최준
례의 출생일은 단기 4222년(서기 1889년) 3월 19일이며, 사망일은 '대
한민국 6년', 즉 1924년 1월 1일인 셈이다. 참고로 대한민국 원년(1
년)은 상해에서 임시정부가 수립된 1919년을 말한다. 최준례는 35
살로 세상을 떠났다.

김구는 늦장가를 갔다. 결혼할 때 31살이었으니 조혼풍습이 남
아 있던 당시로 치면 엄청난 노총각이었다. 당시 부인 최준례는
18살, 두 사람은 13살 차이였다. 김구는 결혼 전에 다른 여성들과
혼담이 더러 오간 적이 있다. 그러나 이런저런 사정으로 그들과는
'인연'을 맺지 못하고 결국 최준례와 결혼했다.

김구가 최준례를 만난 것은 교회를 다닌 것이 계기가 됐다.
1896년 3월 이른바 '치하포 사건'으로 해주감옥에 갇혀 있던 김
구는 탈옥 후 공주 마곡사에서 잠시 중 노릇을 하다가 이듬해 가
을 환속, 고향으로 돌아와 농사를 짓고 있었다. 얼마 뒤 부친에 이

최준례의 한글 묘비. 앞줄 왼쪽부터 시계 방향으로 차남 김신, 김구, 모친 곽낙원, 장남 김인.

어 약혼녀마저 병으로 세상을 떠나자 낙심한 그는 기독교에 입문하여 교회엘 다니고 있었다. 그때 주변의 권유로 같은 교회에 다니던 여학생 최준례와의 만남이 시작됐다.

최준례의 모친이 이웃동네 청년과 최준례의 정혼을 해둔 상태여서 우여곡절이 없지는 않았으나 1907년 두 사람은 결국 결혼에 골인했다. 결혼 후 두 사람은 5년 가까이 비교적 행복한 결혼생활을 했다. 그 무렵 김구는 장련에 광진학교를 세우고 사범강습회를 열어 교사를 양성하는 등 교육 사업에 진력했다. 또 황해도 각 군을 돌며 강연회를 열어 계몽운동을 펴는 등 고향에서 보람 있는 시간을 보내고 있었다.

그러던 중 1911년 1월, 이른바 '안악 사건(일명 안명근 사건)'에 연루돼 재판에서 15년형을 선고받고 복역 중이던 김구는 1915년 8월 가출옥으로 풀려났다. 4년 반 가량의 감옥 생활을 마치고 돌아왔을 때 집안에는 큰 변화가 있었다. 큰딸(성명불명)은 출생 직후에, 둘째딸(화경)은 김구가 출감하기 서너 달 전에 그들 곁을 떠났다. 특사로 풀려나 고향인 해주에 도착하자 수십 명이 신작로로 몰려나와 그를 반겼다. 모친은 눈물로 아들을 맞으며 선 자리에서 둘째딸 화경의 죽음을 전해주었다. 『백범일지』에서 관련 대목을 읽어보자.

"너는 오늘 살아오지만, 너를 심히 사랑하고 늘 보고 싶어 하던 네 딸 화경이는 서너 달 전에 죽었구나. 네 친구들이 네게 알릴 것 없다고 권하기로 기별도 하지 않았다. 7세 미만의 어

백범 김구 일가의 단란했던 상해 시절. 왼쪽부터 백범, 장남 인, 아내 최준례. 최준례의 모습이
담긴 유일한 사진이다.

린 것이 죽을 때 '나 죽었다고 옥에 계신 아버지께는 기별하
지 마십시오. 아버지가 들으시면 오죽이나 마음이 상하겠소'
하더라." 나는 그 후 곧 안악읍 동산 공동묘지에 있는 화경이
묘지에 가 보았다.

_ 도진순 주해, 『백범일지』, 돌베개, 2002, 273쪽.

  불행은 거기서 끝이 아니었다. 1916년에 태어난 셋째딸 은경마
저 그 이듬해 사망했다. 장남 인(仁)이 태어난 것은 1918년 11월,
그의 나이 43세 때였다. 딸 셋을 차례로 잃은 부부에게 인의 출생
은 얼마나 반가운 소식이었을까.
  그로부터 넉 달 뒤에 일어난 3·1혁명은 김구의 일생에도 한 획

을 긋는 엄청난 사건이었다. 3월 29일 그는 안악에서 출발, 평양-신의주-안동을 거쳐 중국 상해로 망명길에 올랐다. 그해 9월 그는 상해 임시정부 경무국장에 취임했는데 그가 가족들과 다시 만난 것은 이듬해 8월이었다. 아내 최준례가 장남 인을 데리고 상해로 건너왔으며, 2년 뒤에는 모친도 합류했다. 모처럼 네 식구가 한 지붕 밑에 모였다. 김구 일가에게는 가장 행복했던 시기였다.

1922년 2월 임시의정원(현 국회) 보궐선거에서 의원으로 선출된 김구는 그해 10월 임시정부 내무총장에 임명되었다. 8월에 차남 신(信)이 태어났는데 예기치 않은 불행이 닥쳤다. 차남을 해산한 후 산후조리를 하던 최준례가 2층집 계단에서 굴러 떨어져 크게 다친 데다 폐렴까지 겹쳤다. 변변한 약도 써보지 못한 채 1924년 정월 초하룻날 최준례는 이국땅에서 쓸쓸히 숨을 거두었다. 최준례가 입원한 홍구 폐(肺)병원은 임시정부 청사에서 차로 10분 거리에 있었으나 일본 조계지 내여서 김구는 단 한 차례도 아내를 문병할 수 없었다.

당시 상해에서 여성 독립운동가로 활동하던 정정화(1991년 작고)의 회고에 따르면, 임종 직전에 김구를 부르려고 하자 최준례는 힘없이 고개를 저으며 말렸다고 한다. 일경에 쫓기는 남편이 올 수 없다는 것을 너무나 잘 알고 있었기 때문이었을 것이다. 정정화의 연락을 받고 시어머니 곽낙원이 병원으로 달려갔을 때 최준례는 이미 영안실로 옮겨진 뒤였다. 차남 신이 겨우 걸음마를 뗀 뒤였다. 그때 나이 서른다섯, 남편을 찾아 상해로 건너온 지 4년 만이었다.

천하의 백범 김구도 남자일진대, 미혼 시절 인연이 닿은 여성들이 없었겠는가. 그러나 많은 여성들과의 연은 번번이 무산되었다. 도중에 방해자가 나타나서 혼담이 깨지거나, 약혼한 여인이 병에 걸려 죽거나, 아니면 엇갈린 운명도 없지 않았다. 세속적인 표현을 빌리자면, 김구는 여복(女福)이 없는 남자라고 할 수 있다. 아내 최준례와의 인연도 18년에 그쳤으며, 그나마도 떨어져 지낸 시간이 많았다.

김구의 첫 번째 인연은 피난지에서 만난 스승의 손녀였다.

젊은 시절 동학에 가담했던 김구는 1894년 동학농민전쟁 때 황해도 지역의 접주(우두머리)가 돼 해주성 공략 작전에 참전했다. 일본군의 신식 무기를 당해내지 못해 결국 패하고 만 김구는 해주 인근 패엽사라는 절에 피신해 있던 중 안중근 의사의 부친 안태훈 진사의 도움으로 몸을 의탁한 적이 있다. 그때 고능선(高能善)이라는 유학자를 스승으로 삼아 소일했는데 고능선이 김구를 눈여겨보고는 자신의 손녀와 짝을 지어주었다. 그러나 중간에 방해꾼이 나타나 유야무야되고 말았다.

두 번째 인연은 김구가 이른바 '치하포 사건'으로 감옥을 살고 나와 집에서 무료하게 시간을 보내고 있을 때였다. 먼 친척집 할머니가 자신의 친정집안 당질녀를 소개해주었다. 이름은 여옥(如玉), 나이는 열일곱, 겨우 글을 깨우친 정도였다. 평소 신붓감의 조건으로 '학식이 있어야 한다'고 주장해오던 그였지만 여옥을 두고 '미혼처'라고 쓴 걸 보면 마음에 들었던 모양이다.

그러나 여옥과도 끝내 인연이 닿지 않았다. 이듬해(1903년) 2월,

김구의 스승 고능선. 해주 지역에서 명망 있
는 유학자였다.

만성감기 악화로 여옥이 죽고 말았다. 그는 직접 '미혼처' 여옥의
시신을 염습하여 남산에 묻어주었다. 이번엔 병마가 그의 혼삿길
을 막은 셈이다.

　김구와 도산 안창호는 임시정부에서 함께 활동했다. 김구를 임
시정부 경무국장으로 발탁한 사람은 당시 내무총장을 맡고 있던
안창호였다. 안창호에게는 여동생(안신호)이 하나 있었는데 하마터
면 두 사람이 처남매부간이 될 뻔했다. '미혼처' 여옥이 병사한 이
듬해에 김구는 황해도 장련으로 이사하여 교육사업을 하던 중 지
인의 소개로 안신호를 만나 마음에 두게 됐다. 그런데 알고 보니
안창호가 양주삼(梁柱三)에게 동생과 결혼해줄 것을 부탁해둔 사실
이 뒤늦게 알려지면서 '샛별'처럼 나타난 세 번째 여인과도 어쳐

김구가 피신해 있던 가흥의 수륜사창. 상단부 글씨는 김구의 친필이다.

구니없이 깨지고 말았다.

아내 최준례가 사망한 후 김구는 1949년 안두희 흉탄에 서거할 때까지 홀몸으로 지냈다. 굳이 따지자면 한 차례 '동거'를 한 적이 있는데 이는 남녀관계라기보다는 몸을 숨기기 위한 전략이었다. 그 사연은 대략 이렇다.

1932년 윤봉길 의사의 '홍구공원 의거' 후 일제는 거금 60만원의 현상금을 내걸고 배후세력이랄 수 있는 김구 검거에 혈안이 되었다. 그해 5월 상해를 탈출한 김구는 상해 인근 가흥(嘉興)의 수륜사창(秀綸紗廠)에서 중국인 저보성(褚輔成, 당시 상해 법과대학 총장)의 도움을 받아 중국인 '장진구' 또는 '장진'으로 행세하며 숨어 지냈다. 그런데 이곳까지도 일경이 나타나 김구의 행방을 수소문하고 다녔다. 서툰 중국말에다 '남자 홀몸'이라는 게 몸을 숨기기엔 매

중국인 처녀 뱃사공 주애보.

우 불리한 여건이었다. 뭔가 특단의 대책이 필요했다.

　얼마 뒤 저보성의 아들 저봉장이 김구에게 자신의 친구 중에서른 가까이 된 중학교 교원인 과부가 한 사람 있다며 그녀와 결혼할 것을 권했다. 김구는 저봉장의 제안을 거절했다. 그러면서 "유식한 중학교 교원이라면 바로 나의 비밀이 탄로 날 것이오. 차라리 여사공(주애보)에게 부탁하는 편이 낫겠소. 주애보 같은 일자무식이면 비밀을 지킬 수 있을 것이오."라고 말했다. 당시 김구는 처녀 뱃사공 주애보(朱愛寶)가 젓는 작은 배를 타고 인근 운하를 다니며 소일하고 있었다.

　김구와 주애보의 인연은 이렇게 시작됐다. 당시 김구는 57살, 주애보는 20살. 두 사람은 정식 결혼식을 올리지는 않았으나 선상(船上)에서 한동안 동거를 했으니 '사실상 부부'나 마찬가지였다. 김구 역시 더러 그런 감정을 느꼈던 것 같다. 1936년 2월 김구는 가흥을 떠나 남경(南京)으로 옮겨와 있었는데, 거기서도 신변의 안전을 확보할 수가 없었다. 결국 가흥에 남겨두고 온 주애보를 데리고 와서는 방을 하나 얻어서 살면서 '고물상'으로 신분을 위장했다.

1937년 7월 중일전쟁이 발발하면서 남경 상황이 위험해지자 중국 정부는 전시수도를 중경으로 정하고 정부기관을 하나씩 옮겨갔다. 임시정부와 대가족 100여 명은 일단 호남성 장사(長沙)로 옮기기로 결정했다. 남경을 출발하면서 김구는 주애보와 이별해야 했다. 영영 이별이 아니라 피난지에서의 상황이 여의치 않으니 잠시 고향집에 가 있으라고 한 것이었다. 김구는 분명히 '훗날'을 염두에 두고 있었던 것 같다. 『백범일지』에 그런 대목이 엿보인다.

남경을 출발할 때 주애보는 본향(本鄕)인 가흥으로 돌려보냈다. 그 후 종종 후회되는 것은, 송별할 때 100원밖에 주지 못했던 것이다. 근 5년 동안 한갓 광동인으로만 알고 나를 위했고, 모르는 사이에 우리는 부부같이[類似夫婦] 되었다. 나에 대한 공로가 없지 않은데, 내가 뒷날을 기약할 수 있을 줄 알고 돈도 넉넉히 돕지 못한 것이 유감천만이다.

_ 도진순 주해, 『백범일지』, 돌베개, 2002, 362쪽.

이후 두 사람은 두 번 다시 만나지 못했다. 광복이 되자 김구는 중경에서 상해를 거쳐 귀국했으나 가흥에 들러 주애보를 만나볼 상황은 되지 못했던 것 같다. 김구와 주애보의 이야기는 세인들에

하련생의 소설을 번역 출간한 『선월』 표지.

게 잊힌 채 하나의 '전설'이 되고 말았다. 민관에서 많은 사람들이 가흥을 다녀오곤 했지만 그들 중에서 주애보의 행적을 수소문했다는 얘기는 듣지 못했다. 몇 년 전 『선월(船月)』(범우사, 2000)이라는 소설이 출간됐다. 중국인 여류작가 하련생(夏輦生)의 소설을 번역한 것으로, 김구와 주애보의 '사랑'을 다룬 것이었다.

앞에서 언급한 대로 김구에게는 인과 신, 두 아들이 있었다. 장남 인은 1918년생, 차남 신은 1922년생이다. 인은 해방 5개월 전에 사망했으며, 차남 신은 2016년 현재 생존해 있다. 중국 공군사관학교를 졸업한 신은 해방 후 공군참모총장을 지냈으며, 예편 후 박정희 정권 하에서 교통부장관, 유신정우회 소속 제9대 국회의원, 중화민국 대사 등을 역임했다. 신의 이런 경력에 대해 비판적인 견해도 없지 않다.

반면 장남 인의 이른 죽음을 두고 안타까워하는 사람들이 많다.

1939년 중경 시절의 김구와 두 아들. 왼쪽이 장남 인, 오른쪽이 차남 신이다.

인은 부친과 함께 독립운동을 했다. 1934년 낙양군관학교 입교를 시작으로 광복군의 길로 들어선 인은 2년 간의 군사교육을 마치고 1936년 4월 남경 예비훈련소에 엄항섭(嚴恒燮)과 함께 감독관으로 파견돼 한국 청년들의 군사훈련을 독려했다. 광복군 출신 이재현(작고)의 증언에 따르면, 인은 상해에서 지하공작을 하기도 했다고 한다.

국가보훈처가 펴낸 『독립유공자 공훈록』에 따르면, 인은 1937년 9월 상해에 파견돼 한국국민당 청년단 상해지구 기관지 「전고(戰鼓)」를 창간, 항일사상을 고취했다. 또 이듬해에는 장사(長沙)에서 임시정부의 명을 받고 다시 상해로 파견돼 한국국민당 재건과 일제의 주요 기관 폭파 작전 및 요인 암살 계획 등을 추진했으며, 일본 전함 〈출운(出雲)〉의 폭파 작전을 추진했으나 사전에 일경에

한국청년전지공작대 환송식 기념사진. 앞줄 왼쪽부터 박영준, 엄항섭, 박찬익, 김구, 유진동, 김인.

탐지돼 실패하고 말았다.

1939년 10월에는 한국광복진선(韓國光復陣線) 청년공작대에 입대하여 한중(韓中) 유대강화 및 첩보활동에 참가했다. 또 1940년에는 중경에서 「청년호성(靑年呼聲)」을 발행하여 민족정신 함양에 이바지하는 등 1945년 3월 29일 중경에서 사망할 때까지 광복군의 일원으로 부친을 도와 항일투쟁을 전개했다. 인은 한창 나이인 27살에 아내와 딸 하나를 남기고 이국땅에서 생을 마쳤다.

인의 사인은 모친 최준례와 같은 폐병이었다. 다만 모친의 경우 늑막염이 발전하여 폐병이 된 것이지만, 인의 경우는 환경 탓이었다. 『백범일지』에 따르면, 중경의 기후는 "9월 초부터 이듬해 4월까지는 구름과 안개 때문에 햇빛을 보기 힘들며, 저기압의 분지라서 지면에서 솟아나는 악취가 흩어지지 못해 공기는 극히 불결하

대전현충원에 마련된 장남 김인의 묘소.

며, 인가와 공장에서 분출되는 석탄 연기로 인하여 눈을 뜨기조차 곤란했다."고 한다. 당시 중경에 거주하던 한국인은 300~400명이 었는데 6~7년 동안 순전히 폐병으로 사망한 사람만 70~80명에 달했을 정도로 중경은 거주 환경이 좋지 않았다.

전하는 말에 따르면, 당시 인의 아내인 안미생(안중근 의사 조카)이 시아버지 김구에게 "남편에게 페니실린을 맞을 수 있게 해달라." 고 간청을 했다. 당시 김구라면 페니실린을 구할 수도 있었다. 이런 며느리의 간청에 김구는 "나의 노(老)동지들에게 해주지 못하는 것을 아들이라고 해서 할 수 없다."며 거절했다고 한다. 병중의 자식을 살리고 싶은 마음이 그에겐들 왜 없었을까마는 김구는 사(私)보다는 공(公)을 앞세웠다. 결국 인은 해방을 불과 5개월 정도 앞두고 1945년 3월 29일 중경에서 숨을 거뒀다.

환국 후 경교장 시절 시아버지 김구와 함께한 안미생.

1999년 4월 12일 효창원 백범 묘소에서 백범 내외의 합장식이 열렸다. 최준례 여사는 76년 만에 남편 곁에서 잠들게 되었다.

독립운동가 사회에서는 인의 요절을 매우 안타까워하고 있다. 단순히 오래 살지 못했다는 이유 때문만은 아니다. 그가 해방 후 살아서 고국에 돌아왔으면 부친을 도와 큰일을 도모했을 것이라는 얘기다. 인의 유해는 지난 1999년 고국으로 봉환돼 대전 현충원 애국지사 묘역에 할머니 곽낙원과 함께 안장됐다. 정부는 그의 독립유공 공적을 기려 1990년 건국훈장 애국장(4등급)을 추서했다. 인의 아내 안미생은 해방 후 시아버지를 모시고 귀국했는데 얼마 뒤 미국으로 건너간 후 소식이 끊어졌다. 두 사람 사이에 태어난 딸 효자(孝子) 역시 마찬가지다.

백범의 70 평생은 '비운의 삶' 그 자체였다. 세 딸을 잇따라 잃었으며 망명지에서 아내와 장남까지 병으로 잃었다. 반생을 이국

땅에서 독립운동을 했으나 해방 후 미군정의 박대로 변변한 예우도 받지 못했다. 미소(美蘇)의 점령으로 국토가 분단될 위기에 놓이자 노구를 이끌고 남북협상에 나섰으나 뜻을 이루지 못했다. 그러던 중 1949년 6월 26일 안두희의 흉탄을 맞고 73세를 일기로 서거했다. 장례식은 7월 5일 서울운동장에서 국민장으로 거행되었으며, 유해는 효창공원에 안장되었다.

그로부터 꼭 50년 만인 1999년 4월 12일, 효창원에서 김구 부부의 합장식이 열렸다. 1948년 국내로 봉환된 최준례의 유해는 서울 근교의 정릉, 금곡을 거쳐 76년 만에 남편 곁으로 돌아온 것이다. 이날 합장식에서 조동걸 국민대 명예교수가 읽은 추도사 마지막 구절을 소개한다.

"최준례 여사, 76년 만에 부군 옆에 오신 것입니다. 무엇보다 맑은 두 영혼이 활짝 웃으며 반기실 것을 상상해봅니다. 그래서 이 자리에 모인 백범김구선생기념사업협회 회원을 비롯한 모든 사람이 오늘은 다른 때와 달리 가벼운 마음으로 돌아가겠습니다. 앞으로는 5종남매(從男妹)의 손자손녀와 10여 종반 또는 재종반의 친외증손들이 철따라 우애롭게 찾아뵐 것입니다. 기뻐하시옵소서."

13

남산 위의 저 소나무?
아니, 조선신궁!

일제는 왜 남산에 신궁을 세웠을까

서울 복판에 위치한 남산 꼭대기에 오르면 서울 시내를 한눈에 내려다 볼 수 있다. 동으로는 아차산과 그 너머 송파구 일대, 남으로는 한강과 관악산, 서로는 김포는 물론 날씨가 맑은 날은 북한의 개성까지도 볼 수 있다고 한다. 북으로 시선을 돌리면 세종로 일대와 경복궁, 청와대, 그리고 북악산과 북한산까지 한눈에 들어온다.

조선시대 이후 남산은 신령스런 산으로 여겨져왔다. 태조 5년 (1396년), 이성계는 남산 정상에 남산의 산신인 목멱대왕(木覓大王)의 신사(神祠)를 세우고 남산을 성산(聖山)으로 삼았다. 이로써 원래 인경산(引慶山)으로 불리던 남산은 목멱산으로 불렸는데 태조는 남산 곳곳에 금표(禁標)를 세워 잡인의 출입을 막았다. 흙과 돌을 파내는 것은 물론, 묘지도 쓰지 못하게 했다. 남산은 조선의 개국 정신이 깃든 유서 깊은 곳이라고 할 수 있다.

1910년 한일병탄으로 조선을 집어삼킨 일제는 조선을 단순히 식민지 하나 정도로 여긴 것이 아니었다. 일제는 조선을 대륙 진출의 교두보로 삼기 위해 조선을 일본화시켜 영구통치를 계획했었다. 경복궁 내에 조선총독부 청사를 11년에 걸쳐 세운 것이라든지 일제 말기 창씨개명을 강행했던 점 등으로 미루어 그들이 얼마나 조직적이고 장기적인 통치계획을 세웠던가를 알 수 있다.

조선총독부가 '내선일체(內鮮一體, 일본과 조선은 하나임)' '동조동근(同祖同根, 일본과 조선은 같은 조상에 뿌리가 같은 민족임)' 등의 슬로건을 내걸고 추진한 황국신민화 정책은 조선 민족의 혼을 말살하는 것이 주목적이었다. 이 같은 계획이 드러난 것은 1930년대 말부터였으나 사실은 한일병탄 직후부터 은밀하게 추진돼왔다.

조선총독부가 식민통치 30년을 맞아 펴낸 『시정(始政) 30년사』 (1940)에 따르면, 일제는 다이쇼(大正) 원년, 즉 1912년부터 남산에 조선신사(朝鮮神社) 건립을 준비했다. 그해 조선총독부는 신사 조영(造營) 준비비 명목으로 별도의 예산을 책정했으며, 3년 후에는 준비조사까지 마쳤다.

그렇다면 일제는 조선신사를 어디에 세우려 했을까? 초창기에는 대상지를 구체적으로 밝히지는 않았으나 속내는 진작 드러냈다. 『시정 30년사』에 이런 대목이 있다.

반도의 중앙에 위치하여 메이지성대(明治聖代)로부터 가장 관

남산 정상에서 인왕산으로 옮겨진 국사당. 국사당은 조선 건국에 공을 세운 무
학대사를 모신 사당으로, 조선혼의 상징이었다.

계가 깊은 경성부 내의 정지(淨地)를 선정하여 신역(神域)으로
하기로 했다.

사실상 남산을 점찍어둔 셈이다. 경성부(오늘날 서울시) 안에서 정
지(淨地), 즉 신성한 곳이라면 단연 남산을 말한다. 당시 남산 정상
에는 목멱신사를 개칭한 국사당(國師堂)이 자리 잡고 있었다. 국사
당은 태조 이성계를 도와 한양을 도읍으로 정하는 데 공을 세운
무학대사(無學大師)를 모신 사당으로 조선혼의 상징이었다. 신사 건
립에 앞서 1925년 7월 무렵에 남산 정상에 있던 국사당은 서대문
밖 인왕산 중턱으로 옮겨졌다.

1919년 7월 18일, 일본 내각은 남산에 조선신사 건립을 허가했
다. 그리고 당대 일본 최고의 신사 건축가이자 메이지신궁(明治神宮)

시내 쪽에서 바라본 조선신궁 전경(원경).

조영을 감독한 이토 주타(伊藤忠太) 도쿄제국대학 교수를 초빙하여
입지 선정과 설계를 맡겼다. 조선신사에는 메이지 일왕과 일왕가
의 시조격인 아마테라스 오미카미(天照大神)를 주제신(主祭神)으로 안
치했다. 조선신사는 1926년 6월 27일 '조선신궁(朝鮮神宮)'으로 개칭
되었다.

　1920년 5월 27일.

　조선총독부 고관들과 친일파들이 대거 참석한 가운데 남산 중
턱에서 조선신사 건립을 위한 지진제(기공식)가 열렸다. 행사 준비
및 진행 일체는 일본식이었다. 일제는 조선혼을 쫓아내고 그 자리
에 일본혼을 심을 작정이었다. 이후 일제는 5년 간의 대역사를 거

하늘에서 내려다 본 조선신궁 전경.

쳐 1925년에 신사를 완공했다. 총공사비 156만 4,852원, 총면적 12만 7,900여 평이었으니 그 엄청난 규모를 짐작할 만하다.

공사비는 차치하고 신사 규모는 한번 짚어보고 넘어갈 만하다. 경복궁에 세운 조선총독부 청사가 2만 9,500평 정도였으니 이것의 4배, 또한 7만 평 크기인 여의도의 2배에 해당하는 규모다. 단순히 옛 남산식물원 부근 정도가 아니라 힐튼호텔 앞 삼거리에서부터 현 숭의여대와 남산도서관을 포함해 인근 남산순환도로 일대에 걸친 광대한 규모였다.

신사를 조성하면서 남산 중턱의 소나무를 뽑아내고 산림을 훼손한 것은 물론이요, 별도로 신사 참배객을 위한 도로를 냈다. 하얏트 호텔 방면으로는 서참도(西參道), 숭의여대 쪽으로는 동참도(東參道), 그리고 남대문시장 쪽으로는 표참도(表參道)라는 진입로를 만들었다. 남산이 훼손되기 시작한 것은 이때부터였다.

남산 중턱의 소나무를 베어내고 그 자리에 조선신궁 건립 공사를 하는 모습.

일제가 남산 중턱에 조선신사를 세운 것은 경성 시내, 특히 경복궁을 발 아래 굽어볼 수 있다는 점도 있었지만 그들 나름으로는 '연고'를 감안한 것이었다. 일본이 남산 일대와 첫 인연을 맺은 것은 임진왜란 때였다. 남산 성벽을 타고 넘어온 왜군은 남산자락에 진지를 구축하고 자리를 잡았다.

청일전쟁에서 승리한 일본은 이곳에 희생자들을 기리는 충혼비를 세운다는 명목 하에 대한제국 정부로부터 30만 평을 영구임대한 후 도로와 휴게소, 분수대, 주악당 등을 세워 공원으로 만들었다. 1910년 5월 문을 연 '한양공원'이 그것이다. 당시 남산 주변의 회현동, 예장동, 남산동, 후암동, 용산 일대에는 일본인이 대거 거주했는데 중구 예장동 일대는 '왜성대(倭城臺)'로 불렸다.

비단 민가만 많았던 게 아니다. 일제 당시 주요 관공서와 군부대도 남산 주변에 밀집해 있었다. 현 리라초등학교 인근에는 구한

남대문에서 조선신궁에 이르는 표참도.

말 주한 일본공사관이 자리 잡고 있었다. 이 건물은 통감부 건물로 사용되다가 1910년 한일병탄 이후에는 조선총독부 건물로 사용되었다. 1926년 경복궁에 새 청사가 건립되기 이전까지 16년 동안 조선 통치의 본산이었는데 1921년 9월 의열단원 김익상 의사가 폭탄을 투척한 총독부 청사가 바로 이곳이었다.

충무로 '한국의 집' 동편 골목 안에 있는 남산골 한옥마을은 1919년 3·1혁명 진압의 주력부대였던 조선헌병대 사령부가 주둔하던 자리다. 또 미8군이 주둔하고 있는 남산의 남쪽 용산 일대는 일본군 제20사단 사령부 및 그 예하 40여단 등이 주둔하던 곳이다. 일제는 이 일대를 개발하면서 효창원 일대의 구(舊) 용산과 구분하여 '신(新) 용산'이라고 불렀다.

조선신궁에는 본전을 비롯해 일반인이 참배하던 배전(拜殿), 신고

남산 정상에서 내려다본 조선신궁 전경. 멀리 경성역(서울역)과 철도가 보인다.

(神庫), 칙사전, 제사 음식을 차리던 신찬소(神饌所) 등 총 15개의 부속건물들이 들어서 있었다. 현 서울교육연구원(구 어린이회관) 자리에는 신궁 참배 순서를 기다리던 참집소(參集所)가, 안중근의사기념관 자리에는 신궁 관리사무소가 있었다. 또 입구 왼쪽으로는 간이 파출소와 휴게소 격인 남산정(南山亭)도 마련돼 있었다.

남대문시장에서 힐튼호텔 쪽으로 오르다 보면 삼거리가 나오는데 이곳이 하광장(下廣場)이었다. 신사의 경계를 알리는 오토리이(大鳥居, 절 입구에 세워 놓은 큰 기둥) 앞에는 '관폐대사 조선신궁(官弊大社 朝鮮神宮)'이라고 새긴 대형 사호석(社號石)이 서 있고 그 뒤로 신궁으로 오르는 돌계단이 있었다. 조선 8도 사람들이 동원돼 만든 이 돌계단은 총 384단으로 길이는 231.8미터, 폭은 14.5미터였다. 계단 좌우에는 문무관과 각도에서 봉납한 석등롱(石燈籠) 14기가 줄지어서 있었다.

돌계단을 따라 하광장을 올라가면 중광장이 나타나는 데 이곳

사호석에 '관폐대사 조선신궁'이라고 적혀 있다.

에도 도리이가 서 있었다. 현재 이곳은 잔디밭으로 가꾸어져 있는
데 광장 북쪽에 김구 선생 동상이 서 있다. 다시 여기서 계단을
오르면 상광장이 나타나고 신궁의 부속건물들이 한눈에 들어온다.
참배객들은 사무소에서 순서를 기다렸다가 신부(神符)를 받고 손을
씻은 다음 배전으로 가서 본전에 있는 신들에게 참배했다.

　메이지절(11월 3일), 일왕의 생일인 천장절 등에는 매년 이곳에서
메이지 일왕과 아마테라스 오미카미에게 제사를 지냈다. 제삿날이
되면 조선총독, 정무총감 등 총독부 고관과 조선군사령부 고위장
성, 조선귀족 등 친일파들이 대거 참여했다.

　신사에서 제사를 주관하는 사람을 신직(神職)이라고 하는데 조선
신궁의 경우 최고 책임자를 궁사(宮司)라고 불렀다. 일본 메이지신

조선신궁 배전을 참배하는 여학생들.

궁, 조선신궁, 대만신궁 등 관폐대사(官弊大社)급 신궁의 궁사는 일
왕이 친히 임명했다.

　1936년 8월에 조선총독부는 조선인들의 신사참배를 의무화했
다. 이에 따라 조선신궁 참배는 조선인과 일본인, 남녀노소, 직위
고하를 막론하고 당시 조선에 거주하던 주민들에게 '강요된 일상'
이 되었다.

　당시 경성(서울) 시내 소학교(초등학교) 어린이들은 방학 중에 조선
신궁을 참배하고 소감문을 방학 숙제로 제출해야 했다. 일제는 황
국신민화 정책의 일환으로 걸핏하면 조선신궁에서 동원행사를 치
렀다. 중일전쟁 발발 3주년 기념식도 이곳에서 치렀다.

　남산 조선신궁에서는 오전 10시부터 미나미(南) 총독, 나카무

조선신궁 참배를 마치고 계단을 내려오는 어린 학생들.

라(中村) 군사령관 이하 관민 대표 열석(列席, 참석)으로써 엄숙한 기원제(황군의 무운장구를 비는 기원제)가 집행되었고, 뒤이어 국민정신총동맹 조선연맹 주최의 지나사변(支那事變, 중일전쟁) 3주년 기념식은 7일 오전 11시부터 조선신궁 앞 광장에서 각 관공서, 산업단체, 회사, 상점, 공장, 학교, 청년단체, 재향군인, 각종 연맹, 국방부인회, 애국부인회 등의 관군민 대표자가 총참집하여 엄숙히 집행했다…….

_「동아일보」, 1940년 7월 8일자.

일제의 신사참배 강요는 기독교인들의 거센 반발을 불러왔다. 미국 북장로교회와 남장로교회 선교부가 세운 평양 숭실학교, 숭의학교 등 기독교계 학교들은 신사참배를 거부하다 폐교되거나 자진 폐교했다. 1937년 중일전쟁 이후 조선총독부는 "모든 종교는 최고의 신(神)인 천황 아래서만 자유롭게 활동할 수 있다."고 선언하고 신사참배를 강요했다. 특히 신사에서 개최하는 황군의 전승(戰勝) 기원제에 참배토록 했다.

결국 기독교 단체들도 어떤 형태로든 결단을 내려야만 했다. 기독교 교파 가운데 안식교회나 성결교회, 감리교회, 천주교회 등은 신사참배를 수용했으나 장로교회는 끝까지 거부했다. 이 때문에 주기철, 이기선, 김선두 목사 등은 일제로부터 탄압을 받았으며 주기철 목사는 끝내 순교했다. 일제는 신사참배에 협조적인 목사들을 선동하여 1938년 9월 9일 평양 서문밖교회에서 열린 장로교 제27회 총회에서 신사참배를 결의토록 했다.

이날 총회에서 총회장 홍택기 목사는 "신사는 종교가 아니며 기독교 교리에도 어긋나지 않는 애국적 국가 의식이기에 솔선해서 국민정신 총동원에 적극 참가하여 황국신민으로서 정성을 다해달라."는 취지의 선언문을 채택했다. 그해 12월 12일에는 신사참배에 주도적 역할을 한 목사들이 일본으로 건너가 메이지신궁 등을 참배했다. 그러나 한국 기독교계는 일제 때의 신사참배에 대해 여지껏 단 한 번도 공식 사죄를 한 바 없다.

일제가 패망하자 가장 먼저 부서진 곳은 전국의 신사였다. 성난 조선인들은 학교나 면사무소 인근에 있던 신사로 몰려가 마구 때려 부수거나 불을 질렀다. 해방 당일 8월 15일 평양신사에서 불길이 치솟은 것을 시발로 16일에는 정주(定州)신사, 안악(安岳)신사, 온정리(溫井里)신사 등이 화염에 휩싸였다.

남산의 조선신궁도 예외가 아니었다. 그러자 조선총독부는 항복 다음날인 8월 16일 즉각 승신식(昇神式)을 열어 귀신들을 하늘로 올려보낸 뒤 24일 비행기 편으로 천황의 어진영(御眞影), 어영대(御影代, 거울) 등 신물(神物)들을 일본으로 옮겼다. 이후 9월 들어 신궁 해체작업에 들어가 10월 7일 신궁 내의 부대시설을 전부 소각했다. 조선신궁을 비롯해 전국 신사의 토지와 건물은 미 군정청에 접수되었다.

이로써 남산 중턱에 괴물처럼 버티고 있던 조선신궁은 완공 20년 만에 모습을 감췄다. 하광장에서 중광장으로 오르는 언덕에 있던 384개 계단은 해방 후 한때 눈썰매장으로 이용되었으며, 1956년 본전이 있던 자리에 높이 25미터, 세계 최대 크기의 이승만 동

皇國臣民ノ誓詞

皇國臣民ノ誓詞
　　　　（其ノ一）
一　私共ハ
　　大日本帝國ノ臣民デアリマス
二　私共ハ
　　心ヲ合セテ
　　天皇陛下ニ忠義ヲ盡クシマス
三　私共ハ
　　忍苦鍛錬シテ
　　立派ナ強イ國民トナリマス

皇國臣民ノ誓詞
　　　　（其ノ二）
一　我等ハ皇國臣民ナリ
　　忠誠以テ君國ニ報ゼン
二　我等皇國臣民ハ
　　互ニ信愛協力シ
　　以テ團結ヲ固クセン
三　我等皇國臣民ハ
　　忍苦鍛錬力ヲ養ヒ
　　以テ皇道ヲ宣揚セン

朝鮮教育の三大綱領

一　國體明徵

二　内鮮一體

三　忍苦鍛錬

친일파 김대우가 만든 '황국신민의 서사'.

상이 세워졌다. 그러나 이승만 동상 역시 건립 4년 뒤인 1960년
4·19혁명 직후 시민들에 의해 강제로 철거되었다.

　남산 조선신궁과 관련해 기록해둘 것이 하나 더 있다. '황국신
민의 서사탑(塔)'에 관한 얘기다.

　1937년 조선총독부는 황국신민화 정책의 일환으로 '황국신민의
서사(誓詞)'를 제정했다. 충성스런 황국신민으로서 일왕에 대한 맹
세를 담은 것으로, 총독부 학무국 사회교육과장으로 있던 친일파
김대우(金大羽)가 만든 것이다. 일제는 조선인들에게 '황국신민의
서사'를 외우도록 강요했으며, 학교의 조회나 각종 집회 때 이를
제창하도록 했다.

　모든 출판물에도 이를 게재하도록 했다. 일제 말기에 나온 도서

나 잡지의 판권란에는 예외 없이 '황국신민의 서사'가 인쇄돼 있다. 참고로 '서사'는 아동용, 성인용 두 종류가 있는데 그 내용은 다음과 같다.

[아동용]

1. 우리들은 대일본 제국의 신민(臣民)입니다.
2. 우리들은 마음을 합하여 천황 폐하에게 충의(忠義)를 다하겠습니다.
3. 우리들은 인고단련(忍苦鍛鍊)하고 훌륭하고 강한 국민이 되겠습니다.

[성인용]

1. 우리들은 황국신민이다. 충성으로서 황국에 보답한다.
2. 우리들 황국신민은 신애협력(信愛協力)하여 단결을 굳게 한다.
3. 우리들 황국신민은 인고단련하여 힘을 길러 황도(皇道)를 선양한다.

총독부는 '황국신민의 서사'를 활자로만 보급하는 것이 성에 차지 않았던지 이를 조형물로 만들어 참배토록 할 계획을 세웠다. 장소는 '서사탑'의 취지에 걸맞게 신령스럽고 엄숙한 장소를 물색했는데 그곳은 남산 조선신궁 경내였다. 서사탑 높이는 55척, 기단의 폭은 84척으로 제작은 일본인 조각가 아사쿠라(朝倉文夫)가 맡

1947년에 미군 병사 프레드 다익스가 찍은 조선신궁에 있던 황국신민의 서사탑.

았다. 탑 건립 비용은 전국의 조선인 학생들이 '근로절약'으로 모
은 12만원으로 조달했다.

서사탑 준공식에는 미나미(南) 총독도 참석했다. 서사탑에는 조
선 어린이들이 쓴 '황국신민의 서사' 141만 5,000장을 보관했는데
조선신궁과 함께 참배토록 강요했다. 미군병사 프레드 다익스가
1947년에 찍은 사진을 보면 당시까지도 서사탑이 온전한 형태로
남아 있었다.

서울의 상징인 남산은 1925년 조선신궁 건립을 시작으로 훼손

조선신궁 중광장. 도리이 뒤로 남산 정상이 보인다.

되기 시작해 해방 후에 이승만이 이곳에 국회의사당 건립을 시도하면서 다시 훼손되었다. 물론 이 계획은 이승만 정권의 붕괴로 인해 좌절되었으나 폐해는 고스란히 남았다. 이후로도 어린이회관, 남산도서관 등을 지으면서 남산은 또 다시 훼손되었으며, 1990년대 들어 남산제모습찾기운동을 통해 조금씩 원래 모습을 회복해가고 있다.

　광복 50주년을 맞아 경복궁에 있던 옛 조선총독부 청사를 철거했다. 그 자리에는 헐린 전각이 들어서면서 지금은 총독부 청사의 흔적도 찾아볼 수 없다. 당시를 산 사람이 아니고서는 그 자리에 총독부 청사가 있었다는 것을 상상하기도 어렵다.

　남산은 근대 100년의 우리 역사를 고스란히 간직한 역사의 현장이다. 최근 들어 남산제모습찾기 노력의 일환으로 점차 원래 모습을 찾아가고 있다. 게다가 안중근 의사를 비롯해 백범 김구, 성재 이시영 선생의 동상이 서 있어 이제 남산은 민족정기의 상징으로 탈바꿈했다.

14

여운형의
뜻밖의 유산

통일조국을 꿈꾼 여운형의 지시로 인민군 창설에 관여한 사람들

1950년 6월 25일, 일요일.

이날 새벽 4시를 기해 북조선 인민군(북한군)은 200여 대의 전차를 앞세우고 38선을 넘어 기습적으로 남침을 강행했다. 인민군은 옹진, 개성, 동두천, 춘천 등 38선 이남 동서부의 육로와 동해안 삼척 등에 상륙하여 일제 공격을 감행했다. 단 1대의 전차도 없이 무방비 상태에서 기습 공격을 당한 국군은 속수무책이었다.

남침 개시 5시간 만인 25일 오전 9시 무렵 인민군은 개성 방어선을 돌파하고 그날 오전에 동두천과 포천을 함락시켰다. 26일 오후에는 의정부를, 27일 정오에는 서울 도봉구의 창동 방어선을 돌파했다. 창동 방어선이 뚫리자 국군은 다시 미아리 방어선을 구축했으나 이마저도 인민군 전차에 의해 무참히 무너졌다. 6월 28일

남침 사흘 만에 서울 도심에 입성한 인민군.

새벽, 인민군은 마침내 서울 도심에 진입하고 서울의 주요 기관을
장악했다.

개전 초기 인민군의 기세는 가히 파죽지세였다. 그 이유는 무엇
일까? 인민군의 뛰어난 '선제공격' 전술 때문이었을까? 꼭 그렇지
는 않았다. 가장 큰 요인은 인민군의 병력과 장비 규모였다. 개전
이틀 전인 6월 23일에 인민군이 38선에 배치한 병력은 10개 보병
사단과 1개 전차여단 및 3개 경비여단 규모였다. 게다가 인민군은
소련제 탱크와 야크 전투기, 폭격기, 그리고 각종 야포·박격포로
무장하고 있었다.

반면 국군은 8개 사단과 1개 독립연대 병력에 불과했다. 지상전
의 총아인 탱크와 기갑차량(장갑차)은 전무했다. 한마디로 불가항력
이었던 것이다.

한국전쟁 당시 남북한의 군사력은 엄청난 차이가 있었다. 해방

후 바로 미 군정 통치 하에 들어간 남한은 변변한 국방력을 갖추지 못했다. 반면 북한은 소련군의 무기 지원 하에 인민군 창설을 착착 진행시켰다. 1946년 말 북한은 2개 사단의 편제와 장비보충까지 마쳤다. 그 무렵 남한은 국방경비대에 이어 해안경비대를 겨우 창설한 수준이었다. 대한민국 육군의 모체가 된 국방경비대는 1947년 말에야 겨우 3개 여단(보통 2개, 보병여단은 1개 사단 규모)을 편성했다.

그런데 한국전쟁 초기 국군을 압도한 북한 인민군 창설의 주역은 김일성 휘하의 북한 군부세력이 아니었다. 해방 직후 남한에서 올라간 일단의 옛 만주군 출신들이었다. 그들은 후일 한국군에 들어가 고급장교가 되었으며, 그들 가운데 박임항, 박창암, 방원철 등은 박정희의 5·16쿠데타에 핵심 멤버로 가담하기도 했다.

한국전쟁이 일어나기 3년여 전인 1946년 8월 13일 오후 3시.

평양시 남산동 1번지 김일성 4호택(宅) 응접실에 12명의 인사가 모였다. 3명은 북측 인사였으며 9명은 남쪽에서 올라간 사람들이었다.

참석자 중 북측 3명은 김책(빨치산 출신), 무정(팔로군 출신), 최용환(김일성의 소련어 통역원) 등이었으며, 남측 9인은 방원철(신경군관학교 1기·예비역 육군대령), 박승환(만주국 보병학교 6기·항공중위), 박임항(신경 1기·예비역 육군중장), 최창륜(신경 1기·예비역 대위·한국전쟁 때 전사), 김영택(신경 1기·예비역 육군준장), 이재기(신경 2기·예비역 육군대령), 박창암(간도특설대 출신·예비역 육군준장), 박준호(만주군 항공소위·예비역 육군대령), 김인수(니혼대 졸업·학병 출신) 등이었다.

'인민군 창설' 비화를 남긴 방원철. 오른쪽은 만주군 중위 시절의 모습이다.

이날 이 자리에서 북조선 인민군 창설을 위한 제1차 회의가 극비리에 열렸다. 이들의 '인민군 창설' 비화는 남북한의 군사(軍史) 그 어디에도 기록돼 있지 않다.

이날 모임의 배경은 해방 전으로 거슬러 올라간다. 육본 초대 전사감, 33사단 연대장, 논산훈련소 참모부장 등을 역임한 방원철(1999년 작고)이 생전에 필자에게 남긴 비화를 소개한다.

1943년 봄, 만주 신경군관학교(속칭 만주군관학교)를 1기로 졸업한 방원철은 만주군 보병 8단에 배치됐다(참고로 박정희 전 대통령은 신경 2기생이며, 방원철과 같은 보병 8단에 근무하다 해방을 맞았다). 이듬해 8월에 한 달 일정으로 봉천(오늘날 심양)으로 특수폭파 교육을 받으러 간 방원철은 그곳에서 만주군 항공중위로 근무하던 박승환을 만나 그의 집에 초대를 받았다. 거기서 방원철은 박승환이 여운형(呂運亨)의 '건국동맹'과 관계를 맺고 있다는 사실을 알게 됐다.

건국동맹은 여운형, 조동호 등이 주축이 돼 해방 1년 전인 1944년 8월에 결성한 독립운동단체로, 일본의 패망과 조국 광복에 대비하기 위해 국내에서 조직한 비밀결사체였다. 이들은 전국적으로 각 분야에 하부 조직을 두고 있었는데 박승환을 중심으로 군부에도 조직을 두고 있었다. 남에서 올라간 9명은 여운형이 결성한 건국동맹에 가입했거나 아니면 여운형과 친분이 있는 사람이 대부분이었다.

북측은 남에서 올라온 인사들이 사회주의 성향의 민족주의자 여운형과 특별한 관계를 맺고 있다는 사실에 큰 신뢰를 보냈다. 게다가 북측 인사들은 대개 빨치산 출신인 반면 남측 인사들은 대개 사관학교(군관학교 등)를 나온 정규군 출신이었다. 새로운 군대를 창설하면서 군사학과 군대 편제 및 장비 등에 정통한 사람들이 필요한 상황이었던 북한은 이들을 우대했다.

1945년 8월 15일 일제가 패망하자 만주군에 있던 조선인(한국인) 장교들은 전부 무장해제를 당했다. 보병 8단에 근무하고 있던 조선인 장교 4명 가운데 박정희, 신현준, 이주일 등 3명은 북경을 거쳐 이듬해 부산으로 귀국했다. 그러나 방원철은 이들과 동행하지 않고 홀로 북행길에 올랐다. 고향이 만주 용정인데다 아내가 황해도 신막에 있는 처가에 머물고 있었기 때문이었다.

처가에서 잠시 휴식을 취한 방원철은 1946년 2월 초 여비 3,000원을 들고 서울행 열차에 올랐다. 서울에 도착한 그는 군관학교 동기생 최창륜과 박승환을 만나 종로구 계동에 있는 여운형의 집을 찾았다. 해방 정국에서 크게 주목을 받고 있던 여운형은 이들을 반갑게 맞았다. 당시 미 군정 하의 남한은 찬탁·반탁 문제로 정국이 어수선했다. 이런저런 이야기를 나누던 여운형이 대뜸 말했다.

"이제 (미-소간의) 정치협상으로 남북통일이 될 길은 끊어졌다. 장차 무력으로 자웅을 겨루는 동족상잔의 비극이 남아 있을 뿐이다. 남한에선 제군의 선배·동료들이 국방경비대를 창설하고 있으니 큰 문제는 없으나 북에는 한 사람도 없지 않은가? 제군들이 북에 가서 군을 장악하는 것만이 동족상잔의 비극을 저지할 수 있는 길일세!"

그로부터 며칠 뒤인 1946년 2월 중순, 방원철과 박승환은 북행 길에 올랐다. 일종의 선발대 격이었다. 두 사람이 평양에 도착한 지 1주일쯤 뒤에 후발대 8명이 도착했다. 박임항, 최창륜, 이재기, 박창암, 박준호, 김영택, 최재환, 김인수 등이었다. 선발대와 후발대를 합쳐 총 10명 가운데 최재환과 김인수는 중도에 빠지고 8명이 본격적으로 인민군 창설에 참여하게 됐다.

이들이 입북한 지 6개월 만인 8월 13일에 인민군 창설 관련 제 1차 회의가 열렸다. 먼저 좌장 격인 김책이 인민군 창설의 필요성을 강조했다. 이어 무정이 나서서 단기간에 인민군 창설의 기초 작업을 마쳐줄 것을 부탁했다. 이들은 1946년 12월 말까지 2개 사단을 편성해야 한다고 했다. 회의 말미에 김책은 당분간은 '보안간부 훈련대대부'라는 명칭을 써 달라며 인민군 얘기는 절대 입 밖에 내지 말라고 당부했다.

민족지도자 여운형. 동족상잔의 비극을 정
확하게 예측하고 그것을 막으려 애썼다.

　2개 사단을 수개월 만에 창설하려면 북한 내 산업체의 생산능
력 파악이 급선무였다. 남측 일행 8명은 몇 개의 반(班)을 편성해 1
주일 만에 북조선 전역의 생산 능력을 완전히 파악했다. 이를 기
초로 2개 사단에 필요한 각종 장비 소요량 일람표를 작성해 김책
에게 제출했다. 이와 함께 평양시 남산의 무덕전(武德殿, 일제 때 유도
도장)을 개조해 인민군 총사령부 청사로 완공했는데 공사 책임은
박창암이 맡았다.

　청사가 마련되면서 인민군 창설 작업이 본격적으로 추진되었다.
우선 '차렷! 열중 쉬엇!' 등 군대에서 사용할 구령(口令)과 장비의
부품 명칭 등 가장 기본적인 것에서부터 각종 제복 양식과 계급
장, 군사교육용 교범 제작 등이 시급했다. 효과적인 업무 수행을
위해 이들은 3개 반으로 나눠 업무를 분담했다. 박승환이 총지휘
를 맡고 그 아래 제1반(박임항, 최창륜)은 구령과 병기 명칭 제정을,

제2반(김영택, 박준호)은 장구(裝具) 제작을, 제3반(방원철, 이재기)은 군사교범 제작을 맡았다.

구령은 조선어학회에서 제정한 군대 구령을 참고했다. 장교 복장은 A·B·C 3개 안을 냈다. A안은 소련식 복장 그대로, B안은 일본식 상의에 프랑스식 당꼬바지(허벅지 부분은 헐렁하고 밑단 부분은 좁은 남자용 바지)와 드골 모자·허리띠, 그리고 소련식 반(半)장화를 착용하는 방식, C안은 일본식 장교 복장에 소련식 견장과 무장대·반장화·독일식 모자를 채택한 방식이었다. 이 가운데 B안이 채택되었다. 계급장은 소련식을 개조하여 채택했다.

난제는 제3반의 교범 제작이었다. 신생국이다 보니 독자적인 전범령(典範令)이 있을 리 만무했다. 해방된 마당에 일본식을 사용할 수도 없고 중국식은 수준 미달이었다. 소련식을 따르자니 언어가 문제였다. 결국 일본 전범을 기초로 소련식 제식훈련·분대훈련·중대훈련 정도를 정리한 간이교범을 제정했다. 12월 중순쯤에는 나남(羅南)사단과 개천(价川)사단의 인원과 장비 보충도 거의 완료시켰다. 1차 회의를 가진 지 불과 넉 달 만이었다.

인민군 총사령부 청사가 완공된 11월부터 각 부서가 속속 입주했다. 주요 간부들의 면면을 보면, 총사령 최용건(빨치산 출신), 정치부 사령 김책(빨치산), 정치부 참모장 안길(빨치산), 포병 공급사령 무정(연안독립동맹), 후방부 사령 최홍극(소련군 현역대위), 후방참모부 유신(연안독립동맹)·김성국(빨치산), 간부부 부장 이림 등이었다. 이밖에 나남사단장은 강건, 개천사단장은 김일이 맡았다.

인민군 창설 기초 작업을 마친 남측 인사 8명도 부서 배치를 받

인민군 창설의 총책을 맡았던 빨치산 출신의 김책(왼쪽). 오른쪽은 김일성.

있다. 박임항은 개천사단 참모장, 최창륜은 포병사령부 작전참모
부로, 김영택은 후방참모부로 배속됐다. 또 박준호는 포병사령부
에서 제도수(製圖手)로, 박창암은 병기 부문으로, 이재기는 작전참모
부에서 교육 부문을 맡았다. 방원철은 북조선인민위원회 중앙경위
대 부(副)대장으로 발령을 받았다. 이 부대는 평양시 경비와 요인
주택 및 주요 시설 경비 담당이었다.

　인민군 창설 1단계 작업이 완료된 직후인 1947년 1월 상순 어
느 날, 노동당 간부부(부장 허정숙)로부터 8명에게 소환장이 날아왔
다. 허정숙 부장은 "동무들은 군 복무를 중단하고 다른 직장으로
직업을 전환하라."며 방원철에게는 북조선인민위원회 소비조합장
자리를, 다른 사람들에게도 새로운 일터를 주선해주었다. 이들은
이구동성으로 거절했다. 배운 재주라곤 군사학뿐이니 그럴 법도
했다.

며칠 후 허정숙은 방원철에게 노동당 입당 의사를 타진했다. 그는 수락했고 그로부터 얼마 뒤 북조선인민위원회 교육국장 한설야(韓雪野, 시인)로부터 김일성대학 교수로 임명되었다. 그는 평양 역전 김일성대학으로 가서 김두봉(金枓奉) 총장에게 부임신고(1947년 2월 4일)를 하고 체육 과목을 맡았다. 다른 사람들도 새 보직을 맡긴 했으니 썩 내켜하지는 않았다.

5월 1일 메이데이를 앞두고 김일성대학 내 메이데이 준비위원장직을 맡아 바쁜 나날을 보내고 있던 방원철은 4월 3일 보안대원이라고 신분을 밝힌 두 남자에게 연행돼 모처로 끌려갔다. 그들은 다짜고짜 "동무! 남쪽에서 지령받은 문건을 내놓으시오!"라며 다그치고는 몸수색을 이유로 방원철의 옷을 갈기갈기 찢어놓았다. 방원철이 끌려간 곳은 평양 서성리형무소였다. 그는 영문도 모른 채 감옥에 갇히는 몸이 됐다.

수감된 지 20여 일이 지나 심문이 시작됐다. 조사관들은 여운형과 박승환의 관계를 캐물었으나 수감된 이유는 알려주지 않았다. 심문을 마치고 감방으로 돌아오는 길에 방원철은 우연히 감방문 옆에 붙은 죄수 명찰을 보다가 자신의 이름 옆에 '사회가입'이라고 죄목이 적혀 있는 것을 발견했다. 이는 일본말로 '예비검속'이란 뜻인데 범죄 혐의자를 미리 잡아 가두어두는 것을 말한다.

이들이 풀려난 것은 이듬해 1948년 5월 초에 열린 남북연석회의 무렵이었다. 남한만의 단독정부 수립을 반대하는 남북의 정당·사회단체 대표들은 5·10 단독선거를 저지하고 통일민주국가 수립을 위해 1948년 4월 19일부터 평양에서 회담을 열었다. 남측

1948년 2월 8일 북조선 인민군 창설 모습. 김일성 초상화 양쪽에 내걸린 대형 태극기가 인상적이다.

에서는 김구·김규식, 북측에서는 김일성·김두봉 등 남북의 명망가들이 다수 참석하여 20여 일 동안 회담을 가졌으나 별다른 성과를 거두지 못했다.

　김구를 수행해 남북연석회의 참석차 방북했던 인사 가운데 근로인민당 관계자가 북측에 "박승환 등 우리 동지 몇 사람이 인민군 창설에 참여하고 있을 텐데 온 김에 그들을 면회하고 싶다."고 하자 당황한 북측은 이들을 급히 풀어주었다. 방원철은 1년 반 만에 감옥에서 풀려났는데 다들 감옥에서 고생한 흔적이 역력했다. 박승환은 폐 질환으로 요양 중이었고, 김영택은 패혈증에 걸려 심각한 지경이었다.

　감옥에서 풀려났다고 해서 자유의 몸이 된 건 아니었다. 얼마 뒤 이들은 다시 강제노역장으로 끌려갔다. 방원철은 철도공사장에, 최창륜은 서평양 철도국 주물공장에, 이재기는 선교리 산소공장에 동원됐다. 박준호는 선교리 곡산공장의 굴뚝 청소부로 배치됐다. 갈수록 태산이었다, 이러려고 이들이 북행을 한 것이 아니었다. 국면 타개가 필요했고 대안은 '남행'뿐이었다.

방원철은 D데이를 그해 추석으로 잡고 7월 말 최창륜을 만나 계획을 세웠다. 우여곡절 끝에 8명은 경비가 허술한 추석을 틈타 38선을 넘었다. 서울로 귀환한 이들은 당시 장교로 근무하고 있던 최창언의 안내로 국방부를 방문해 백선엽 당시 육군본부 정보국장에게 귀순 신고를 했다. 여운형의 지시로 1946년 2월 중순 북에 밀파된 지 2년 반 만이었다.

그 사이에 남한 정세는 크게 변해 있었다. 김규식과 함께 좌우합작운동을 벌이던 여운형은 1년 전인 1947년 7월 19일에 암살당해 이 세상 사람이 아니었다. 이들이 귀환하기 한 달 전에 남한에는 대한민국 정부가 수립됐고 뒤이어 9월 8일 북한에도 공산주의 정권이 수립됐다. 그로부터 채 2년도 지나지 않아 남북은 서로를 향해 총부리를 겨눴다. 그 결과 국토는 두 동강 나고 수많은 사람이 죽거나 다쳤으며 오늘에까지 분단과 이산의 고통을 안겨주고 있다.

인민군 내부에 들어가 인민군을 장악하고 그를 통해 남북 간의 무력 충돌을 저지해보려 했던 높은 포부를 품었던 청년 장교들. 그들의 꿈은 북측의 약속위반으로 물거품이 되었다. 비록 '실패한 작전'으로 끝났지만 동족상잔의 비극을 막아보려 했던 여운형의

애국애족 정신과 그의 뜻에 공감하여 기꺼이 북행을 결행했던 청
년 장교들의 활동은 역사의 한 페이지에 반드시 기록돼야 할 것
이다.

15

해인사 소나무,
몹쓸 짓을 당하다

일제의 송진 채취로 훼손된 산림 잔혹사

한반도에서 토종 산짐승이 씨가 마른 것은 일제가 남획한 탓이다. 호랑이, 여우, 늑대 등 동물뿐만 아니라 한국인들의 특별한 정서가 담긴 소나무도 가만두지 않았다. 마구 베어내어 목재로 쓰거나 함부로 칼질을 해댔다. 칼질을 한 것은 송진을 채취하기 위해서였다.

1940년대 들어 일제는 중국 대륙과 동남아 및 남양군도 등 두 곳에서 큰 전쟁을 벌였다. 시간이 지날수록 전쟁물자가 달리는 것은 당연했다. 그중에서도 석유가 제일 문제였다. 결국 석유 대용품을 만들어 쓰기로 했는데 송진에서 추출한 송탄유(松炭油)가 그것이었다.

송탄유는 비누나 도료 등 생필품 원료는 물론, 군용기에도 유용

해인사 '소리길'에서 만난 소나무의
'V' 자형 상처.

한 전쟁물자였다. 이에 조선총독부는 지역별로 할당량을 정해 조
선인들을 송진 채취에 동원했다. 이 과정에서 조선 전역의 질 좋
은 소나무들이 칼질을 당했다. 1941년 7월 미국의 석유 수출 금
지로 연료 수급에 차질을 빚게 되면서 무차별적으로 행해졌다.

  소나무에서 송탄유를 추출하는 방식은 크게 2가지다. 하나는 지
면에서 70~80센티미터 지점에 높이 10센티미터, 길이 20센티미
터 크기의 'V' 자형 홈을 낸 후 소나무의 속결 사이로 배어나오는
생송진을 함석 등을 이용하여 받아내는 방식이며, 다른 하나는 가
마 형태의 틀을 만든 후 그 속에 관솔을 넣고 불을 지펴 관솔에
함유된 송탄유를 추출하는 방식이다.

  생(生)송진을 추출하려면 먼저 소나무에 'V' 자형 홈을 파야 한

송진을 채취하기 위해 소나무에 매단
함석통.

다. 송진을 모으려면 톱과 이를 나무에 연결하는 데 사용하는 연
결끈, 그리고 추출된 송진을 모으는 함석통 등이 필요하다. 생송
진을 추출하는 방식은 가마를 이용하는 방식에 비해 단순했다. 그
러나 추출량이 부족하거나 불량품이 나올 경우 처벌을 받게 돼
있어 심리적 부담은 훨씬 더 컸다고 한다.

　송진이나 송탄유 채취는 삼림 훼손은 물론, 채취 작업에 나선
조선인들에겐 크나큰 고역이었다. 초창기에는 마을 인근 산에서
채취 작업을 벌였으나 온전한 소나무를 찾기 위해 점점 깊은 산
속까지 들어가야 했다. 쌀 공출(供出) 등 물자 수탈에 이어 인력 동
원까지 더해져 조선 민중의 삶은 더욱 피폐해졌다.

관솔을 끓여 송탄유를 채취하기 위해 만든 가마.

송진을 채취하는 일은 그나마 수월했다. 소나무에 흠집을 낸 후 채취통을 달아두면 저절로 송진이 모여 제때 수거하기만 하면 됐다. 그러나 송탄유 추출을 위한 '관솔 캐기' 작업은 고역이었다. 땅속에 묻힌 관솔을 찾아내기도 쉽지 않았지만 캐어낸 관솔을 지게나 포대에 신고 마을까지 운반하는 일이 여간 힘들지 않았다.

일제는 필요한 양을 조달하기 위해 체계적인 동원 체제를 구축했다. 동네마다 부락연맹이나 '애국반(愛國班)'같은 관변단체를 조직해 주민 감시와 함께 채취 작업을 독려했다. 집집마다, 마을마다 할당량이 정해져 있었다. 이를 달성하지 못할 경우 배급을 줄이거나 징용, 징병 대상에 넣어 불이익을 주었다.

그때는 집집마다 산에 올라가 관솔 구하고 송진 받으러 가는 게 제일 큰일이었어. 하도 오래돼서 잘 생각나지는 않는데 할 당량이 있어 가지고 그걸 채우지 못하면 감독한테 엄청 혼이 나고 바로 배급을 줄이거나 징용 보낼 거라고 겁주고 했었어.

우리 집은 바깥양반은 징용 갈까봐 항상 숨어 다니고 아들은 너무 어리고 해서 거의 매일 내가 산에 가서 관솔 하러(캐러) 갔었어. 그때는 참 서러웠지. 그때로 다시 돌아가라카면 내 콱 죽어버리고 말 거라.

_ 박원철, '송탄유 가마를 통해 본
일제강점기 삼림침탈과 민중생활', 「경남연구」 제2호.

어른아이 할 것 없이 깊은 산속에서 송진을 채취하고 관솔을 캐는 일은 몹시 힘든 일이다. 하물며 여자 몸으로는 견디기 힘든 고역이었을 것이다. 오죽하면 다시 그 일을 다시 해야 한다면 '콱 죽어버리겠다'고 했겠는가.

초등학생 때 송탄유 채취에 동원됐던 김용직 서울대 명예교수의 회고를 들어보자. 당시 초등학교는 마치 군대 같았다고 한다.

내가 3학년, 그가 4학년이 되자 각 학년의 학급이 일제히 군대식 편제로 바뀌었다. 각 학년의 분단은 분대로, 그리고 각 학급이 소대로 개칭되었다. 그 전까지는 주에 한 번이었던 열병 분열식이 거의 무시로 실시되고 방공훈련과 적진 돌격연습인 전쟁놀이가 교과목 학습과 병행으로 과해졌다. 특히 매주 하루가 수업이 없는 근로봉사일로 바뀌었다. 그날이 되면 우리는 낫이나 손도끼에 지게를 지고 소나무가 있는 산으로 내몰리었다. 일제는 그 무렵에 벌써 전쟁 수행을 위한 자원인 유류가 달리기 시작했다.

해인사 홍제암 입구 비탈에 서 있는 상처 입은 소나무들. 일제 말기 우리 민족의 비참했던 실상을 묵묵히 증언하고 있다.

그러자 대체연료로 소나무 공이를 따서 기름을 얻어 쓰는 송탄유 자재 채취에 우리를 동원했다. 일제가 강제한 송탄유 채취는 군 작전에 준하는 형태로 이루어졌다. 출발 전에 우리는 연병장으로 개칭된 운동장에 모였다. 거기서 교장의 사열을 받은 각 반 단위로 송탄유 채취가 가능한 산을 향하여 행군했다. 대열 앞에는 군기에 해당되는 각 학급의 정신대기가 나부꼈다. 그런 대열에는 또한 행진곡을 부는 나팔수가 붙었다. 우리는 나팔수가 부는 신호에 맞추어 송탄유 채취장인 산으로 향했던 것이다.

_ 앞과 같은 곳

일제가 남긴 상흔은 광복 70주년이 지난 지금에도 이 땅 곳곳

안면도 휴양림 지대에 설치된 안내판.

에 남아 있다.

「애국가」 2절 첫머리에 등장하는 '남산 위의 저 소나무', 또 '못
난 소나무가 고향의 선산을 지킨다'는 속담이 있듯이 예부터 소나
무는 우리 민족과 애환을 같이해왔다.

필자가 조사한 바에 따르면, 보령 배재산, 청도 운문산, 월악산,
주왕산 등에서도 'V' 자형 상처를 입은 소나무들이 발견됐다. 전
국의 산 곳곳에 이런 상처가 남아 있다. 안면도 일대에만 10여 만
그루의 소나무가 칼질을 당했다.

그럼에도 이 소나무들이 겪은 잔혹사를 제대로 알려주지 않고
있다. 월악산국립공원이나 안면도 휴양림 지대 등 몇 군데에 안내
판이 서 있는 것이 고작이다.

한때 일제가 전국 명산에 박아놓은 '쇠말뚝 뽑기 운동'이 펼쳐진 적이 있다. 일제 때 이 땅의 소나무가 겪은 잔혹사 역시 같은 맥락이다. 이제라도 칼질을 당한 소나무 곁에 안내판을 세워 일제의 자원 수탈 역사를 기록하고 후세에게 알려야 한다. 산이야말로 일제의 자원 수탈사 교육의 생생한 현장인 것이다.

16

어느 신문의
'오보' 잔혹사

박정희 '사회노동당' 창당 특종 보도 사태를 둘러싼 풀리지 않는 의혹

1961년 5월 16일, 군사쿠데타로 권력을 장악한 박정희 일파는 쿠데타 당일에 '혁명 공약'을 발표했다. 이들은 공약 제6항에서 "우리의 과업이 성취되면 참신하고도 양심적인 정치인들에게 언제든지 정권을 이양하고 우리들 본연의 임무에 복귀할 준비를 갖추겠습니다."라며 사태가 수습되면 원대복귀하겠다고 밝혔다.

그러나 약속은 지켜지지 않았다. 군정(軍政)이 끝나갈 무렵 쿠데타 세력 내부에서는 민정 이양을 놓고 수차례 번복 소동을 벌이기도 했다. 1963년 제5대 대통령 선거일인 10월 15일을 두 달 반쯤 앞둔 8월 30일. 박정희는 사단장으로 근무했던 강원도 철원 제5사단에서 육군대장으로 전역했다. 그리고 이튿날 민주공화당 전당대회에서 대통령 후보로 지명돼 대통령 선거에 출마했다.

박정희의 전역을 보도한 1963년 8월 30일자 「경향신문」 기사.

박정희 군사 정권은 이 선거에 대비해 1년 전부터 치밀하게 계획을 세워 준비했다. 1962년 말부터 말썽이 됐던 민주공화당의 '사전 조직'은 박정희가 민간 정치인으로의 변신을 위한 사전포석이었다. 김종필은 새로운 정당 창당에 필요한 정치자금을 마련하기 위해 이른바 '4대 의혹 사건(새나라자동차 사건, 파칭코 사건, 워커힐 사건, 증권 파동)'을 일으켜 물의를 빚기도 했다.

그 무렵 「한국일보」에 놀라운 기사가 실렸다. 1962년 11월 28일자 1면에 실린 〈신당, '사회노동당'(가칭)으로〉란 제목의 기사였다. 박정희 군사 정권이 창당할 신당 이름이 '사회노동당'이라는 것이었다. 반공을 국시(國是)로 내건 군사 정권의 신당이 북한의 '노동당'을 본뜬 사회노동당이라니! 온 국민을 놀라게 한「한국일보」의 해당 기사 일부를 읽어보자.

민정에 집단적으로 참여하기 위하여 혁명주체 세력과 그 동조자들이 모체가 될 이른바 신당의 당명은 가칭 '사회노동당(社會勞動黨)'으로 내정하고 발기 주비(籌備)를 서두르고 있다. 27일 알려진바 그동안 정강·정책과 당명 등 발당(發黨)에 필요한 일련의 문안 초안을 완료한 혁명주체 세력은 정강·정책은 대체로 영국 노동당의 것을 채택하고 당명은 가칭 '사회노동당'으로 내정했다고 하는데 한때 재건당(再建黨) 또는 신정당(新政黨) 등의 당명이 입에 오르내렸으나 정강과 정책은 후진성을 탈피한 진보적인 것으로 해야 하므로 당명도 그것을 집약해서 표현할 수 있는 '사회노동당'으로 내정했으며, 당명에 뚜렷하게 국가목표를 집약적으로 표현하기 위해 상당히 부심할 것으로 알려졌다. 정강·정책에 있어 영국 노동당의 것을 대체로 추려온 것은 경제개발 5개년 계획을 수행하기 위한 근로대중의 적극적인 참가와 지지를 받을 것과 남북통일이라는 위대한 목표를 전제로 내정한 듯하며 민정에 있어 40대의 젊은 정권을 내세워 반봉건적인 후진적 요소와 고루한 보수적인 관습을 불식 탈피하고 진취적인 민주 세력임을 천명한 데 그 목적이 있다고 본다……

박정희 군사 정권의 신당 명칭이 '사회노동당'이라고 보도해 충격을 던진 「한국일보」 1962년 11월 28일자 1면 기사.

보도가 나가자 군사 정권은 발칵 뒤집혔다. 박정희 최고회의 의장은 이날 오후 「한국일보」 보도가 나간 경위를 철저히 조사하여 응분의 조치를 취할 것을 관계당국에 지시했다.

이에 대해 「한국일보」의 후속보도는 어땠을까? 「한국일보」는 이튿날 29일자 1면에 전날 크기 분량의 기사를 실었다. 제목은 〈작일(昨日) 보도 본보(本報) '사회노동당' 운운(云云)은 잘못〉. 한마디로 말해 전날의 보도는 오보라는 것인데 두 손 두 발 들고 납작 엎드린 것이었다. 「한국일보」는 기사와는 별도로 1면에 '사과문'도 실었다.

작(昨) 28일자 본보 제1면에 게재된 〈신당 '사회노동당'(가칭)

전날 보도를 '잘못'이라고 보도한 1962년 11월 29일자 「한국일보」 기사.

으로 정강 정책 초안도 완료〉 제하의 기사는 전연 사실무근임
이 판명되어 그 전문을 취소합니다. 혁명 정부의 이념으로 보
나 그간의 업적으로 보아 그러한 성격의 정당은 생각할 수도
없는 일임에도 불구하고 본보가 신중치 못한 보도를 함으로
써 본의 아니게 혁명 정부 당국에 누를 끼치고 일반 국민에게
오해를 갖게 한 데 대하여 심심한 사과를 드리는 바입니다.

하지만 박정희 군사 정권으로서는 달랑 '사과문'으로 끝낼 사안
이 아니었다. 당국은 이날로 「한국일보」 발행인 겸 편집국장 장기
영, 편집부국장 홍유선, 정치부장 김자환, 문제의 기사를 쓴 한남
희 기자 등 4명을 구속했다. 죄목은 '군사혁명위원회 포고 제1호'

등 3개 법령 위반이었다. 최고회의 공보실은 이날 오전에 수사당
국의 중간 수사 내용을 발표했다. 그 일부를 읽어보자.

(1) 「한국일보」 한남희 기자는 2, 3명의 민간인(전혀 정부기관과
관계 없는 회사원 및 무직자)과 과거 친분으로 접촉하여 이 민간인들
의 소위 '아는 체'하는 허무맹랑한 말을 듣고 이 내용을 신문
기자로서의 '책임 취재량'을 채우는 의미에서 편집국에 넘겼
으며 편집회의에서 이 기사의 채택 여부가 논의 되었던바 일
부 위원은 그 내용이 신빙성이 없으니 보류하자는 논(論)도 있
었음에도 불구하고 소위 편집의 책임을 맡고 있는 동사 장기
영 사장은 무슨 목적에서인지 이 기사를 1면 톱기사로서 취급
할 것을 지시하여 28일자 조간에 게재하게 된 것이다. ……

장기영 사장 등 관계자 구속으로도 성이 차지 않았는지 정부는
29일 오전 「한국일보」에 '자진정간(停刊)'을 권고했다. 알아서 신문
사 문을 닫으라는 것이었다. 이원우 공보장관은 자진정간 권고문
을 발표한 후 "이것이 제1단계 조치"라며 자진정간을 하지 않을
경우 제2단계 조치를 하겠다고 윽박질렀다.
  그러나 '자진정간'은 막후협상을 통해 3일간 '근신(謹愼)휴간'으
로 조정되었다. 「한국일보」는 12월 1일자에서 장기영 사장 명의로
'근신휴간사(謹愼休刊辭)'를 싣고 12월 2일부터 4일까지 사흘 동안
신문 발행을 중단했다. 휴간사에서 장 사장은 "민족적 혁명 과업
을 수행하는 이 마당에 있어서 '사회노동당'이란 당명은 상상조차

할 수 없는 것"이라며 "취재기자의 무지와 본인의 불명(不明)에 의한 과오였다고 사과하기에도 부끄러운 중대 오보였다."고 거듭 밝혔다.

사흘 동안 신문 발행을 중단한 후 5일자에 '속간사(續刊辭)'를 신고 다시 신문을 발행했다. 이튿날 6일 장기영은 사장직에서 물러나고 그의 오랜 친구인 남궁연이 후임 사장에 취임했다. 이로써 위탁경영 체제에 들어간「한국일보」는 경영은 남궁연에게 맡기고, 자매지인「코리아타임스」의 부사장 겸 편집국장으로 있던 장기봉에게「한국일보」편집국장을 겸직시켰다.

당초 군사 정부는 관련자들에 대해 강경한 태도를 보였으나 의외로 관련자들의 구속은 오래가지 않았다. 구속 9일 만인 12월 7일 장기영 전 사장을 비롯해 편집부국장 홍유선, 정치부장 김자환 등 3인은 석방되었다. 문제의 기사를 쓴 한남희 기자만 구속 상태에서 당국의 수사와 군사재판을 받았다.

3인이 풀려난 지 8일 뒤인 12월 15일자「한국일보」에 신당 조직의 주역인 김종필 당시 중앙정보부장의 단독 인터뷰가 실렸다. 「한국일보」기자가 남산에 있는 중앙정보부장실을 찾아가 3시간에 걸쳐 인터뷰한 것으로, 이날 인터뷰에서 김 부장은 "신당의 명칭은 '국가 재건'의 이념을 표현하고 정강은 자유민주정치와 경제 체제가 골자"라고 밝혔다. 이 인터뷰는 어느 쪽에서 제안한 것인지는 모르지만 '사태 수습용'으로 볼 만하다.

검찰은 한남희 기자에게는 허위사실 유포죄를 적용해 징역 3년을, 한 기자의 취재원이었던 제보자 유정기 피고인에게는 징역 1

1962년 12월 15일자 「한국일보」 1면에 실린 김종필 중앙정보부장 단독 인터뷰 기사.

년 6개월을 각각 구형했다. 변호인들은 "설사 '허위사실'이라 하더라도 고의가 아닌 이상 범죄가 성립될 수 없다. 또 '비방' 운운은 검찰관의 창작으로서 말도 안 되며 설사 그렇다손 치더라도 '신당' 아닌 정부가 비방의 객체일 수는 없다는 것이다. 혁명 정부가 신당이란 말인가. 무죄가 마땅하다."고 주장했다.

선고공판은 1월 17일 열렸다. 재판장은 한남희 피고인에게 선고유예, 유정기 피고인에게 무죄를 선고했다. 재판부는 판결문에서 "한(韓) 피고인은 1962년 11월 28일자 「한국일보」 조간(서울 시내판에만) 제1면에 혁명주체세력이 추진하는 정당명이 가칭 '사회노동당'으로 내정됐다는 사실무근한 보도를 했으나 이는 정부를 비방할 목적으로 한 것이라고 판단하기 곤란하므로 선고유예를 하는 것이다.”라고 밝혔다. 이날 오후 5시 반, 두 사람은 구속 51일 만에 석방됐다.

　선고유예란 범행이 경미한 범인에 대하여 일정한 기간 형의 선고를 유예하고 그 유예기간을 특정한 사고 없이 경과하면 형의 선고를 면하게 하는 제도다. 한남희에게 내려진 선고유예는 사실상 무죄에 가까운 것이라고 할 수 있다. 한남희의 ‘사회노동당’ 보도는 사실의 진위와는 별개로 보도 행위 자체는 문제가 없는 것이다. 즉, 설사 결과적으로 오보라고 해도 보도 당시 사실로 믿을 만한 상당한 사유가 있을 경우 ‘면책’ 조항에 해당되기 때문이다.

　실지로 문제의 「한국일보」 보도는 ‘혁명주체세력’을 비방할 의도로 쓰였다고 보기 힘들다. 취재원을 통해 신당 추진세력들이 신당의 당명을 ‘사회노동당’으로 내정했다는 사실, 그리고 그 모델이 ‘북한 노동당’이 아니라 선진국인 영국 노동당을 참고했으며, 이는 궁극적으로 신당이 “반봉건적인 후진적 요소와 고루한 보수적인 관습을 불식 탈피하고 진취적인 민주 세력임을 천명한 데 그 목적이 있다.”고 밝혔다. 또 기사 말미에는 영국 노동당에 대한 해설 기사도 곁들였다.

　그렇다면 ‘사회노동당’ 보도는 과연 오보일까?

　1997년에 이 「한국일보」 사태를 알게 된 필자는 사건의 전말에 관한 정확한 이야기를 들어보고자 사건 당사자들인 한남희 기자, 유정기 씨 등과 접촉을 시도했으나 그들과는 연락이 닿지 않았고, 대신에 주변인들과 신당(나중에 ‘민주공화당’이 됨) 창당 관계자들을 만나볼 수 있었다.

장기봉 전 「코리아타임스」 부사장 겸 편집국장.

「한국일보」 관계자로는 '오보 사태'에 책임을 지고 장기영 사장
이 물러난 후 편집국장을 겸하게 된 장기봉 전 「코리아타임스」 부
사장 겸 편집국장이 당시 일을 소상히 기억하고 있었다.

"장기영 사장이 구속되던 날 무척 추워 내가 목도리를 덮어준
기억이 난다. 당시 신당 창당을 준비하던 측에서 '사회노동당'
도 당명으로 검토했는지는 모르겠다. 그런데 당시 「한국일보」
에서 당명을 단정적으로 보도하면서 설명이 부족했다. 너무
스쿠프(특종)에 집착한데다 데스크들의 검토도 부족했다. 당시
혁명세력의 컬러(색깔)가 급진 · 좌경적인 데 대한 의구심은 있
었으나 당명까지도 '급진'적이었을까? 이는 장 사장의 정치적
의중을 반영한 듯한데 장 사장 주변에 강하게 코치하는 사람
이 없었다. 이 일로 「한국일보」 기자들이 사기가 크게 저하됐
었다."

_ 장기봉, 1997년 4월 11일 「신아일보」 사장실에서 가진 인터뷰에서

장기봉 전 편집국장은 '오보' 가능성에 무게를 뒀다. 박정희가 좌익사상 전력으로 외부에서 의구심을 사고 있던 상황에서 과연 오해받을 당명을 들고 나왔겠느냐는 것이었다. 그러면서 그는 인터뷰 말미에 의미심장한 한마디를 덧붙였다. 당시 주한 미대사관에서는 이 보도 건을 두고 "할 만한 얘기를 했다."는 것이었다.

　「한국일보」 관계자 가운데는 더 이상 연락이 닿는 사람이 없었다. 제보자인 유정기 씨를 수배했으나 그 역시 연락이 닿지 않았다. 결국 신당 창당에 관계한 인물들을 만나보기로 했다.

　장기봉 전 편집국장을 인터뷰한 다음날인 4월 12일 필자는 박정희 관련 취재차 방원철(方圓哲) 씨를 만날 일이 있었다. 그는 만주 신경군관학교 2기생 출신으로, 5·16 당시 육본 전투정보국 과장으로 근무했는데 5·16 주체세력들과 친분이 두터웠다. 그는 김형욱 전 중앙정보부장 얘기를 하던 끝에 '사회노동당' 출처의 실마리가 될 만한 중요한 증언을 했다.

　　"신당 창당을 준비하는 과정에서 정당 구성, 청년조직 및 교육용 자료집으로 「지우(誌友)」라는 잡지를 마포 비밀아지트에서 발간했다. 필자로는 윤천주 교수, 강성원 등이 참여했는데 창간호는 100쪽 정도로 발간했다. 이 가운데 신당의 정치체제는 영국식 노동당을, 지배체제는 '히틀러 유겐트'를 골자로 하는 내용이 실려 있었다. 1962년 당시 나는 박창암과 함께 이 잡지를 직접 본 적이 있는데 나중에 ('사회노동당' 보도) 재판 때 재판부에도 제출됐었다."

방씨의 증언에 등장하는 윤천주 고려대 교수는 신당 창당 작업에 참여했으며, 이후 공화당 사무총장, 문교부 장관, 7대 국회의원을 역임했다. 강성원은 건국대 정치학과 출신으로 민주공화당 초대 조직부장, 사무차장, 「서울신문」 전무, 8대 국회의원 등을 역임했다. 박창암은 간도특설대 출신으로 5·16에 참여한 후 국가재건최고회의 혁명검찰부장으로 활동하다 '반(反)혁명 사건'으로 몰려 군사재판에 회부돼 1년 간 옥살이를 했다.

사회노동당의 출처랄 수 있는 「지우」라는 잡지의 존재 여부를 확인하기 위해 박창암을 만나보았다. 박창암은 1997년 7월 2일 미아삼거리 신세계백화점 3층 다방에서 가진 인터뷰에서 "당시 최고회의 비서실 전용지에 육필로 쓴 '사전조직 건의서' 초안 원본을 보관하고 있다."고 밝히면서도 「지우」의 존재 여부에 대해서는 "기억이 없다."고 말했다.

방원철이 「지우」의 필진 가운데 한 사람으로 거론한 강성원은 「지우」 건에 대해 다른 애기를 했다. 그는 "3호까지(?) 낸 것 같다. 우리끼리만 보고 널리 배포를 안 해서 창당 관계자들도 잘 모른다. (창간호) 부수는 1,000부 정도 찍었다."고 밝혔다(강성원 씨는 1997년 4월 15일 전화 인터뷰를 했으며, 이틀 뒤에는 경기도 안성 성원목장으로 가서 공화당 창당 과정 등에 대해 직접 인터뷰를 한 바 있다).

5·16 주체세력 가운데 한 사람인 김재춘 전 중앙정보부장은 이렇게 증언했다.

"공화당은 사전에 요원들에게 밀봉교육을 시켰다. 내가 사진도 갖고 있다. 당시 교관은 윤천주, 강성원, 정지원(중정요원, 육군소령), 김용태 등이 맡았으며, 아지트는 마포(옛 이승만 박사 별장)와 낙원동 춘추장(옛 '정치깡패' 임화수 집) 두 곳이었다."

_ 김재춘, 1997년 4월 15일
민족중흥동지회 사무실에서 가진 인터뷰에서

당시 박정희는 김종필을 통해 강성원 등을 시켜 공화당의 사전조직인 '재건동지회' 조직 작업을 비밀리에 추진하고 있었는데 이 일이 당시 육군방첩부대장으로 있던 김재춘의 눈에 띈 것이다. 김재춘은 혹시 몇몇이 모여 반혁명 모의라도 하는 줄 알고 내사를 계속해 박정희에게 보고했으나 박정희는 모르는 척, 시치미를 뗐다. 김재춘은 '혁명주체' 가운데 한 사람이었으나 당시 이 일에는 배제된 상태였다. 이 일은 민정 참여파인 김종필 등이 주도하고 있었다.

한편, 중앙정보부 6국장(국내 대공담당) 출신으로 당시 이 필화 사건의 수사 책임자였던 이용택 전(前) 의원은 보다 구체적인 증언을 했다.

"당시 장기영 사장이 (구속돼 수사 받느라) 고생을 했는데 그 원인은 출처를 대지 않았기 때문이다. 그런데 (보도 내용이) 사실이니까 처벌하기도 곤란했다. 그래서 내가 장 사장에게 '나도 당신 편이다. (출처) 얘기를 안 하면 당신도 방조자가 된다'며 수사관들에게 사실대로 말할 것을 권했다. 강문현 수

사팀장(당시 헌병중령)에게 장 사장을 직접 심문하라고 지시했
는데, 장 사장이 강 팀장에게 말하길 '기자가 하(河)○○ 씨에
게서 신당의 당명을 사회노동당도 검토하고 있다는 얘기를
듣고서 보도했다'는 것이었다. 당시 신당 내부에서 사회노동
당이 새 당명으로 상당히 우세했는데 (보도가 나가자) 정부
여당에서 이를 오보로 만들어버렸다. 만약 그 보도가 허위였
다면 당시 계엄 하여서 자진정간이 됐을 것이다."

_ 이용택, 1997년 6월 25일 힐튼호텔 커피숍에서 가진 인터뷰에서

이용택에 따르면, '하○○' 씨는 진주 출신으로 신당 창당 핵심
멤버 가운데 한 사람이었다고 한다. 당시 신당 추진세력들은 신당
의 당명으로 한국사회노동당, 사회노동당을 놓고 검토를 했는데
'사회노동당'이 우세했다. 그런데 「한국일보」에서 이를 보도하자
'앗 뜨거!' 하고는 이를 오보로 몰아붙였다고 한다. 당시 수사 책
임자의 증언이니 신뢰할 만하다.

민간인 신분으로는 유일하게 5·16쿠데타와 공화당 창당 작업
에 참여한 김용태 전 의원은 이렇게 말했다.

"일부 사람이 ('사회노동당'으로 당명을 정하는 문제를) 논의
했다. 또 영국 노동당처럼 사무조직과 대의조직을 2원제로 하
는 방안도 논의했다. 당시 장기영은 감옥에서 독립운동가 행
세를 해서 내가 '앞으로는 그러지 말라'고 충고했다. 그리고는
JP(김종필)에게 '언론사 사주를 장기간 구속하면 국내외적으로

시끄럽다'고 했더니 JP가 'OK!' 하고는 곧바로 풀어주었다."

_ 김용태, 1997년 7월 10일
동서문화교류협회 사무실에서 가진 인터뷰에서

박정희 최고회의 의장을 대신해 당시 신당 창당의 총책임자였던 김종필 전 중앙정보부장은 2015년에 「중앙일보」와 인터뷰에서 다음과 같이 밝힌 바 있다.

"우리가 만든 신당은 한국엔 없던 현대식 정당이었다. 가장 큰 특징이 사무국과 원내(院內)를 나눈 이원(二元) 조직이란 점이었다. 정치학 교수(윤천주, 김성희, 강상운)들이 각국의 정당조직과 영국 등 선진국 정당의 모델을 연구해 내놓은 안이었다. 우리나라엔 그 전까지 정당다운 정당이 없었다. 자유당과 민주당 시절에 정당이라고 있었지만 조직 기반이 없는 이름뿐의 정당이었다. 사당(私黨) 몇 개가 모여 정당이랍시고 이름을 내걸었다. 명실상부한 공당(公黨)을 만들기 위해 신당은 국회의원과 사무국을 분리하고, 원외(院外)의 사무국이 당의 중심이 되도록 설계했다. 사무국은 창당정신을 계속 끌고 가기 위한 기반이었다……. (일각에서) 사무국 조직을 두고서도 트집을 잡았다. '사무국은 결국 공산당의 서기국이다', '공산당 조직을 그대로 베꼈다'고 공격해댔다."

_ 「중앙일보」 2015년 5월 18일자.

16. 어느 신문의 '오보' 잔혹사   233

이제 결론을 내려야 할 때다.

「한국일보」의 '사회노동당' 보도는 완전히 허구, 즉 오보였거나 아니면 논의 과정에서 나온 여러 명칭 가운데 하나였을 수도 있다. 그러나 앞에서 들은 관계자들의 증언을 고려할 때 「한국일보」 보도('사회노동당으로 내정')가 '사실'이었을 가능성도 상당히 크다. 몇 가지 근거를 간추려보자.

첫째, 편집국 회의 과정에서 게재 여부를 두고 논란이 있었지만 전혀 근거 없는 내용을 실었다고 보기는 어렵다. 『한국일보 50년사』에 따르면 이 기사는 "「조선일보」 출신 한남희가 처녀작으로 쓰고 정치부장 김자환이 데스크를 본 것"이다. 장기봉은 정치부장 김자환을 "진중한 사람"이라고 평했다. 아무리 특종에 목을 맸다고 하나 오보가 날 경우 엄청난 후유증이 예상되고도 남는 민감한 사안임이 분명한데 장기영 사장이 기사 한 건에 사운(社運)을 걸었다고 보기는 힘들다.

둘째, 당시 필화 사건 수사 책임자였던 이용택 전 중앙정보부 6국장이 "당시 신당 내부에서 사회노동당이 상당히 우세했는데 (보도가 나가자) 정부 여당에서 오보로 만들어버렸다. 만약 그 보도가 허위였다면 당시 계엄 하여서 자진정간이 됐을 것"이라고 한 점이다. 실제로 「한국일보」 관계자 4명 가운데 3명은 구속 9일 만에 석방됐다. 또한 문제의 기사를 쓴 한남희 기자는 선고유예, 제보자 유정기는 무죄 석방됐다. 당초에 당국이 보였던 강경자세(자진정간 등)와 사안의 중대성을 감안하면 이들에 대한 조치가 너무 가벼운 감이 없지 않다.

셋째, '오보'에 무게를 뒀던 장기봉 전 편집국장이 인터뷰 말미에 주한 미대사관에서 "할 만한 얘기를 했다."고 했다고 덧붙인 점도 되씹어볼 대목이다. 당시 미국은 박정희와 주변 사람들의 사상에 의혹을 품고 있었다. 박정희의 경우 장군 진급 과정에서도 과거 '남로당 가입' 전력이 문제가 됐으며, 특히 5·16쿠데타 후에는 미국이 감시의 눈초리를 게을리 하지 않고 있었다. 반면 박정희는 평소 미국에 좋지 않은 감정을 갖고 있었으며, 다소 사회주의 성향의 급진적인 면모도 없지 않았다.

넷째, 김종필은 「중앙일보」 인터뷰에서 "(신당의) 가장 큰 특징이 사무국과 원내를 나눈 이원 조직이란 점이다. 각국의 정당 조직과 영국 등 선진국 정당의 모델을 연구해 내놓은 안으로······ 사무국 조직을 두고서 (일각에서) '사무국은 결국 공산당의 서기국이다', '공산당 조직을 그대로 베꼈다'고 공격해댔다."고 밝혔다. 이는 「한국일보」 기사에서 '사회노동당' 당명 얘기만 빠졌을 뿐 "정강·정책은 영국 노동당의 것을 대체로 추려온 것"이라고 한 것과 유사하다. 「한국일보」의 당명 보도가 나온 지 석 달쯤 뒤인 1963년 2월 26일 창당된 민주공화당은 실제로 원내-사무국 이원 조직으로 구성되었다.

다섯째, 김종필의 증언과 관련해 이른바 '황태성 사건'도 고려해 볼 대목이 있다. 젊은 시절 박정희의 멘토였던 황태성(黃泰成, 남파 당시 직책은 북한 무역성 부상)은 1961년 8월 31일 서울에 도착했다. 북한 당국의 밀사를 자처하던 황태성은 그해 10월 10일에 남한 수사당국에 연행되었고, 12월 27일에는 고등군법회의에서 사형 판결을

북에서 온 황태성의 공작 자금 일부가 공화당 창당 자금으로 쓰였음을 폭로한 윤보선 후보의 안동 유세를 보도한 「동아일보」 1963년 10월 9일자 호외.

받았다. 하지만 사형은 그로부터 2년이 지난 1963년 12월 14일에야 집행되었다.

남파 당시 황태성은 공작 자금으로 20만 달러를 소지하고 있었다. 수사당국은 이 돈을 압수했는데 그 가운데 일부는 KBS 개국에 쓰였다고 김종필이 2015년에 「중앙일보」와의 인터뷰에서 증언한 바 있다. 그리고 나머지 돈 가운데 일부는 공화당 창당 자금으로도 사용됐다고 한다. 1963년 제5대 대통령 선거 당시 민정당의 윤보선 후보는 10월 9일 안동 유세에서 이 같은 사실을 폭로하면서 "공화당은 공산당의 돈을 가지고 공산당의 간첩이 와서 공산당 식으로 조직한 정당으로, 공화당은 민주 정당일 수 없다."고 주장했다.

황태성 평전 『박정희 장군, 나를 꼭 죽여야겠소』(푸른역사, 2015)를

황태성 처형 사실을 보도한 「경향신문」
1963년 12월 14일자 기사.

공저로 펴낸 김학민은 한 인터뷰에서 "공화당은 당시 획기적인 정당으로 크게 2가지 공산당 조직을 벤치마킹한 냄새가 난다."며 "사무국을 별도로 둔 점, 당원교육을 정기적으로 한 점 등은 북한 노동당 조직이나 운영 방식을 참고했다고 볼 수 있다."고 밝혔다. 민주공화당은 김종필의 증언처럼 원내와 사무국 이원 조직으로 구성, 운영됐다. 비록 '사회노동당'이란 당명을 채택하지는 않았지만 체제는 사실상 (북한) 노동당을 고스란히 베낀 셈이다.

「한국일보」의 '사회노동당' 보도는 과연 오보였을까? 당시 편집 국장까지 겸하고 있던 장기영 사장이 공식적으로 오보를 인정하고 사과문까지 쓴 마당에 사회노동당 보도의 오보 여부는 재론할 가치조차 없는 일인지도 모른다. 그러나 무소불위의 박정희 군정

하에서 진실이 모두 용인됐다고 보기는 어렵다. 정권의 마음에 안 들면 진실 여부는 둘째 치고 일단 남산 중앙정보부로 끌고 가서 족치고 보던 시절이었기 때문이다.

'사회노동당' 보도의 진실은 취재기자, 신당 창당 주역 등 극소수 몇 명만 알고 있을 것이다. 그러나 사회노동당 오보 사건은 '합리적 의심'의 눈으로 바라보면 의심스러운 대목이 너무도 많다. 오보였을까, 특종이었을까. 진실이 밝혀지는 날이 과연 오기는 할까. 역사의 진실을 밝히는 열쇠는 진실을 알고 있는 이의 정직한 증언뿐이다.

17

'광복군의 숨은 은인'을
아십니까

광복군 연락 및 지원업무 실무자였던 중국인 왕계현 대령

1992년 한국 정부는 대만을 버리고 중국과 수교를 했다. 대만은 일제 때 우리 임시정부를 음으로 양으로 도와준 은인이다. 그럼에도 불구하고 우리 정부는 국익을 앞세워 은인에 대한 의리를 저버린 것이다. 국제 정세가 그렇다고는 해도 세상에는 영원한 적도, 영원한 동지도 없다는 한마디가 떠오르며 쓸쓸함을 감출 수 없었다.

다음 해인 1993년 10월 31일, 필자는 대만 행 비행기에 몸을 실었다. 광복군 3지대 출신으로 해방 후 국군에서 근무하다 예편한 최세득(2006년 작고) 선생이 동행이었다.

둘이서 대만까지 날아가게 된 사연은 이러했다. 어느 날 최세득 선생이 말했다.

광복군에 파견돼 활동한 중국군 대령 출신의 왕계현.

"중국군에서 광복군 총사령부에 파견돼 광복군 지원 업무를 담당했던 분이 대만에 생존해 계시는데 한 번 만나볼 생각 없소? 광복군 출신들에게서 들을 수 없는 얘기들을 그분한테서 들을 수 있을 것이오!"

당시 국내에서는 '가짜 광복군' 논쟁이 뜨거웠다. 그런데 광복군을 지원했던 분이 생존해 계시다니! 그를 통해 귀중한 증언을 접할 수 있다는 생각에 마음이 설레었다.

대만에 도착한 다음 날, 타이베이 시내 작은 호텔 커피숍에서 그를 만났다. 큰 키의 그는 군인이라기보다는 지적인 풍모가 느껴졌다. 그의 이름은 왕계현(王繼賢, 타이베이시 나사복로 3단 거주). 당시 77살의 그는 부인이 와병중이어서 집과 병원을 오가며 힘든 나날을 보내고 있었다.

필자 일행을 만난 그는 "황포군관학교 시절에 배운 한국말을 50여 년 만에 처음 써본다."며 무척 반가워했다. 그리고 필자가 인사를 꺼내기도 전에 먼저 "멀리서 찾아줘서 고맙다."고 했다. 그에게서 인사를 받는 것은 조금은 민망한 일이었다. 그는 우리에겐, 특히 광복군 출신들에겐 은인과도 같은 존재이기 때문이었다. 독립운동사, 특히 광복군 관련 사료집 곳곳에 그의 이름 석 자가 등장한다.

대한민국 임시정부는 1919년 중국 상해 시내 프랑스 조계(租界)에서 수립됐다. 조계는 치외법권 지대여서 일본군의 힘이 미치지 않는 곳이었다. 1932년 윤봉길 의사의 의거 이후 임시정부는 일본군에 쫓겨 중국 전역을 떠돌다가 1940년 중경에 자리를 잡았다. 임시정부는 중경에서 광복군을 창설했는데, 당시 중국군 상교(上校대령)였던 왕계현은 광복군에 파견돼 연락업무 및 지원업무를 담당했다.

인사가 끝나고 첫 질문을 던졌다.

"전쟁이 끝난 후 한국의 광복군 출신들로부터 감사 인사나 방한 초청을 받아본 적이 있습니까?"

그의 대답은 예상대로였다.

"없습니다. 이번 귀하의 방문이 처음입니다. 특히 한국의 기자가 취재차 방문하여 준 데 대해 반갑고 감사하게 생각합니다. 특히 오늘(10월 31일)은 장개석 총통 탄신일이어서 귀하 일행의 방문이 더욱 의미 깊게 느껴집니다."

왕계현이 실무 차원에서 중국군을 대표해 광복군을 도왔다면 중국을 대표해 임시정부와 광복군을 도운 사람은 장개석(蔣介石)이었다. 당시 장개석은 국민당 정부의 최고 실권자였다. 이런 연유로 장개석과 그의 아내 송미령(宋美齡)은 한국 정부로부터 건국훈장 대한민국장(1등급)을 받았다.

이어서 한국과 대만이 국교를 단절한 데 대한 심경을 물었다. 그는 "국제 사회에서 한국의 입장을 이해하나 분명히 아쉬움은 있었다."라고 답했다. 당연한 말이었다. 대만으로서는 배신감을 느꼈을 만도 하다. 아무리 국익이 중요하다고는 하지만 국가 간에도 신의라는 것이 있는 법이다. 물론 그 일로 대만과 단교를 한 것은 아니고 현재 한국에는 대만 대표부가 주재하고 있다.

왕계현과 광복군의 인연은 그의 유창한 한국어 실력 덕분에 시작되었다.

"황포군관학교(교장 장개석) 졸업 후 중앙군 군사위원회(위원장 장개석, 한국의 합참 격임)의 조사실(정보부)에 근무하다가 대한민국 임시정부가 광복군을 창설한 후 중국군의 연락장교로 파견되면서 광복군과 인연을 맺게 되었습니다. 내가 광복군에 파견된 이유는 한국말을 잘했기 때문으로 생각됩니다. 군관학교 시절 한국어 전담반 졸업생 21명 가운데 1등으로 졸업했습니다."

그가 광복군에 파견돼 주로 맡은 임무는 광복군의 인원 점검이나 동태 파악이었다. 당시 광복군은 국민당 정부로부터 제반 경비를 지원받고 있었는데 왕계현은 그들에게 지급되는 양식이나 피복 등 소요 물자를 파악하기 위해 광복군이 있는 곳이라면 중국

필자와 인터뷰 중인 왕계현 대령(오른쪽).

전역 어디든지 다녔다. 또 국민당 정부가 광복군에 대해 특별한
관심을 갖고 있었기 때문에 광복군의 동태는 사소한 내용까지도
군사위원회에 보고했다.

장개석 정부가 광복군을 돕기로 결정한 이상 구체적인 실태를
알아야 했기에 인원 점검 등은 필수적이었다고 할 수 있다. 그는
중국 전역을 돌며 광복군의 실태를 파악해 군사위원회에 보고했
으며 그의 보고 내용에 따라 식량과 장비 등이 광복군에 지원되
었다.

임시정부에서 광복군을 창설한 경위, 광복군 지휘권 문제 등을
둘러싼 중국과의 갈등 및 협상 등에 대해 간단히 살펴보자.

광복군 창설은 임시정부가 1939년 5월 기강(綦江)에 도착한 직
후부터 본격 추진되었다. 임시정부는 군사특파단을 파견하여 병력

임시정부는 1940년 9월 17일 중국 중경에서 광복군을 창설했다. 사진은 당일 창설식 모습으로, 앞줄 왼쪽에서 일곱 번째 군복 차림은 이청천 광복군 총사령이며, 그 오른쪽 옆은 김구 주석이다.

을 모집하는 한편 중국 정부를 상대로 광복군 창설에 양해와 협조를 요청했다. 1940년 5월 임시정부는 광복군 창설에 대한 11개 항의 계획서를 제출했는데 골자는 장차 중국군과 연합해 항일전쟁을 벌일 계획이니 재정 지원을 해달라는 것이었다.

양측 간에 논란이 된 것은 광복군의 소속과 지휘권 문제였다. 임시정부는 광복군의 통수권은 갖되 중국 군사당국의 명령을 받도록 했다. 그러나 중국 측은 광복군을 휘하에 두고 싶어 했다. 그러나 임시정부는 이를 받아들이지 않고 1940년 9월 17일 독자적으로 광복군을 창설한 후 임시정부에서 지휘했다. 양측 간에 갈등이 생겨난 것은 당연했다.

중국군사위원회는 광복군의 창설을 인정하지도 않았고 아예 광복군의 활동을 저지하고 나섰다. '을(乙)'의 입장인 임시정부로서는 중국 군사당국과 광복군 인준을 위한 교섭을 전개하지 않을 수 없었다. 중국 측 창구는 한국 담당자인 주가화(朱家驊)를 통해서 이루어졌다. 협상 결과 중국 측은 광복군에 인력을 파견하는 '조건부 인준'을 허락했다.

그런데 돌연 악재가 터졌다. 1941년 3월 조선의용대원 상당수가 중국공산당 지역인 화북으로 넘어가자 중국 측은 곧바로 광복군을 예속시키는 조치를 취했다. 광복군의 활동을 제한하는 이른바 '한국광복군 행동 9개 준승(규칙)'이 그것이었다. 그러자 임시정부의 임시의정원(오늘날 국회)에서 반발하고 나섰다. 결국 양측은 다시 협상을 벌였는데 모두 4차례의 협상이 진행됐다.

임시정부는 협상 끝에 '9개 준승 폐지'와 '새로운 군사협정의 체결'을 이끌어냈다. 임시정부의 의도대로 타결된 셈이다. 이 협정 체결로 광복군은 임시정부가 통수권을 행사하게 되었고, 중국의 광복군에 대한 원조는 차관 형식으로 이루어졌다. 1945년 5월 1일부터 광복군은 중국군의 지휘에서 벗어나 독자적인 활동을 할 수 있게 되었다.

왕계현은 한중 양국이 사안별 협상을 벌일 때마다 핵심인물로 참석했다. 물론 그가 매사에 광복군의 입장을 대변했다고 단언할 수는 없지만 적어도 그릇된 정보를 중국 측에 전달했을 가능성은 별로 없어 보인다. 그는 중국 측 인사 가운데 광복군 사정에 정통한 인물이었다. 그는 광복군 인원 점검 차 광복군이 있는 곳이라

1943년 한국광복군 성립 3주년 기념식 후 촬영한 모습. 앞 사람은 한국 광복군 총사령 이청천 장군, 뒷줄 왼쪽은 이청천 총사령의 부관 왕계현 대령, 오른쪽은 광복군 제3지대장 김학규 장군이다.

면 경비행기를 타고 다니면서 확인하고 또 지원도 해주었다.

한국에서는 광복군 대원수를 놓고 논란이 더러 있다. 말하자면 광복군 활동 공로로 독립유공 포상을 받은 사람의 수가 실제 광복군 수보다 많다는 얘기다. 광복군 인원 점검을 담당했던 사람으로서 이 같은 의견을 어떻게 생각할까? 그리고 당시 현장에서 목격한 광복군의 실상은 어떠했을까?

"결론부터 말해 논란이 있을 수 있다고 봅니다. 1943년 7월 당시 중국 군사위원회 산하 군사처의 후성(候成) 처장(당시 계급은 중장)이 '광복군이 1,000명이 넘는다'는 보고를 받고 믿지 못해 나를 인원 점검 차 파견한 적이 있습니다. 당시 점검조를 2개조로 편성했는데 나는 군령부의 습진우(襲振宇) 상교와 함께 서안(西安) 등 4곳을 확인하러 갔습니다. 제1지대 제2구대(區隊)가 있던 노하구(老河口)에 갔더니 당시 보고된 50명 중 45명은 도망가고 5명만 남아 있었는데도 50명분의 양식과 피복을 타고 있는 것을 확인한 일이 있습니다. 또 2지대가 있던 서안에 점검을 나갔을 때는 광복군 인원을 늘리기 위해 중국인 일부를 편입해놓은 사실을 확인했습니다. 나는 당시 대원 60명을 개별 면담하여 주소, 이름, 나이 등을 묻는 방법으로 사실을 확인했는데 그 결과 11명이 중국인이었습니다."

1987년에 이현희 성신여대 교수는 학도병이나 지원병으로 일본군에 끌려간 사람들 중에서 탈출한 91명이 1945년 초에 중국 호남성 의춘(宜春)에 집결하여 '비호대(飛虎隊)'라는 단체를 결성, 중국군과 함께 장사(長沙) 전투에 참전했다는 사실을 광복군 간부 출신 김경화(金慶華) 씨의 소장자료를 인용해 공개한 적이 있었다. 당시 '비호대'의 존재는 학계에서 공인되지 않았지만 사실 확인이 필요해 그에게 물어보았다. 그는 "전혀 들어본 적이 없다."고 딱 잘라 말했다.

"비호대란 단체는 전혀 들어본 적이 없습니다. 당시 중국군에서 한적병(韓籍兵, 한국 국적의 병사)을 사용하게 되면 후성(군사처 처장)에게 보고하도록 되어 있었습니다. 또 당시 군령부 사령

관이었던 하응흠(河應欽)은 수시로 후성 처장에게서 광복군의
활동을 보고받았는데 그 심부름을 내가 했습니다."

필자는 「문화일보」에 실린 비호대 대원 명단을 보여주며 확인
을 부탁했다. 그는 역시 "아는 사람이 한 명도 없다."고 잘라 말했
다. 이들은 당시 9전구(戰區) 사령장관이었던 설악(薛岳) 장군의 확인
서(?)를 첨부했다. 참고로, 장개석 정부 당시 중국에는 15개 전구
가 있었다. 1개 전구는 보통 15개 야전사령부로 구성돼 있었으며,
병력은 100만 명 가까운 규모였다.

9전구 지역에서 탈출한 한적병들은 어느 정도나 된다고 보십니까?
"우선 이 지역에서 일본군으로부터의 집단 탈출은 거의 불가
능했습니다. 그리고 당시 중국군에서도 그들이 적성국가 출신
이어서 그들에 대해 '환영'보다는 '의심'이 더 많았습니다. 당
시 중국 정부는 광복군의 동태에 각별한 관심을 가지고 있어
서 나는 일본군에서 탈출한 사람들이 광복군에 접수되었다면
군량미와 경비 지원을 위해 경비행기를 타고 중국 전역을 다
니면서 확인했습니다."

일본군 포로들 중에 광복군에 편입된 사람들도 더러 있습니까?
"보계(寶鷄)라는 곳에 일본군 포로수용소가 있었는데 이범석
(李範奭)이 매월 1회씩 이곳에 가서 이들 중 한국인 출신자들을
인계받아 광복군에 편입시킨 적이 있습니다. 2지대 출신 태윤

'대한민국 임시정부 의정원 문서' 표지.

기(太倫基)도 포로 출신이었던 것으로 기억합니다. 그러나 이
들까지는 광복군으로 봐야 합니다."

　국가보훈처에 따르면, 2016년 2월 현재 전체 독립유공자는 1만
4,262명이며 이 가운데 광복군 출신 독립유공 포상자는 566명이
다. 임시정부 임시의정원 문서에 따르면, 1945년 4월에 열린 제38
차 임시의정원(국회) 회의에서 임시정부 군무부장(현 국방장관) 김원봉
이 보고한 광복군 총원은 339명이다.
　물론 그 이후로도 3지대 등에서 초모공작을 통해 대원수를 늘
린 것은 사실이다. 광복군 전문가인 한시준 단국대 교수는 해방
직전에 광복군은 700여 명 정도였을 것으로 추정하고 있다. 그 가
운데 본인이 직접 확인한 대원은 490명 정도라고 밝힌 바 있다.
현재 광복군 출신 가운데 독립유공 포상자는 566명으로 이 숫자
는 한 교수가 확인한 490명 선을 넘고 있다. '가짜 광복군' 얘기가

나오는 이유다. 광복군 출신자들 가운데 '가짜'가 생겨날 소지는
어디에 있었을까.

> "우선 일본군이 항복한 후에 광복군에 편입된 사람들이 더러
> 있는데 그들로부터 문제가 비롯됐을 수 있다고 생각됩니다.
> 그들을 광복군으로 볼 수는 없습니다. 또 일본 투항 1개월 후
> 이소민(李蘇民)이 광복군 선견(先遣)지대로 상해에 도착해 친일
> 파들을 기용해 교민들의 재산을 몰수했는데 이 과정에서도
> 가짜가 상당수 생겼을 것으로 추측됩니다."

실제로 그런 사례도 있다. 1963년 광복군 활동 공로로 대통령
표창을 받은 A씨의 경우 본인 스스로 1945년 8월 21일 광복군에
입대했다고 밝혔다. A씨와 같은 해 대통령 표창을 받은 B씨의 경
우 광복 일주일 전에 중국에서 탈출하여 광복 나흘 뒤인 1945년
8월 19일 광복군에 입대했다고 밝혔다. 그럼에도 이들 모두 광복
군으로 인정돼 독립유공 포상까지 받았다. 현재 보훈처에는 1963
년 당시의 공적심사 서류가 보존돼 있지 않다고 한다.

보훈처에 따르면, 2015년 12월 현재 외국인으로서 독립유공 포
상을 받은 사람은 67명이다(여성 2명 포함). 앞에서 언급한 장개석을
비롯해 을사늑약의 부당함을 국제 사회에 알리려고 노력했던 헐
버트 박사, 독립운동가들을 변호한 후세 다쓰지(布施辰治) 변호사 등
이 그들이다. 왕계현 대령 역시 광복군을 지원한 공로로 서훈을
받을 만하다고 보나 검토하고 있다는 얘기조차 들리지 않는다.

보훈처에서는 3·1절이나 광복절에 독립운동을 도운 외국인이나 그 후손들, 그리고 한국기념일에는 한국전쟁 참전 군인들을 초청해 그들의 은공에 감사를 표하곤 한다. 1993년에 만났을 때 왕계현 대령은 필자에게 초대 독립기념관장과 광복회장을 지낸 안춘생(安椿生, 2011년 작고) 씨를 비롯해 광복군 출신 가운데 지인들이 많다고 했다. 그러나 어떤 이유 때문인지는 몰라도 보훈처는 물론 광복군 출신 가운데 누구도 그를 초청한 적이 없었다.

이제 왕계현 대령은 이 세상에 없다. 초청을 할 수도 없고 이제 와서 포상을 한들 뭐 그리 대수겠는가. 하지만 임시정부 요인들과 광복군이 반 거지 행색으로 유랑객처럼 떠돌던 그 시절, 이들을 거둬주고 보살펴준 은인에 대한 우리의 보답이 너무 야박한 건 아닌지 모르겠다. 이렇게 그의 이름 석 자라도 기록해두는 것이 필자의 소명이 아닐까 싶다.

18

휴머니즘으로 무장한 전쟁 영웅, 또는 약한 자의 수호천사

미군 최초의 유색인 장교로 혁혁한 무공을 세우고 사회봉사 실천한 김영옥

2005년 12월 29일, 미국 로스앤젤레스의 한 병원에서 노병(老兵)이 숨을 거뒀다. 향년 86살. 사인은 전쟁터에서 입은 부상에다 말년에 얻은 방광암이었다. 그의 이름은 김영옥(金永玉). 1972년 전역 당시 계급은 대령이었다.

재미 한국인 2세인 김영옥은 2차대전과 한국전쟁에서 탁월한 전략으로 혁혁한 전공을 세운 전쟁 영웅이었다. 그 공로로 그는 한국과 프랑스, 이탈리아에서 최고 무공훈장을 받았으며, 미국에서는 두 번째로 높은 DSC(Distinguished Service Cross) 등 수많은 훈장을 받았다.

지금은 한국 초등학교 5학년 교과서에도 나오고 LA에 그의 이름을 딴 중학교도 있다. 그러나 2005년 이전까지만 해도 김영옥

2003년 한국정부로부터 국민훈장 모란장을 서훈한
김영옥 대령.

은 미국 교포 사회에서조차 알려지지 않은 인물이었다.

　김영옥은 어떻게 세상에 알려지게 됐으며, 또 그의 삶은 어떤
점에서 후세에 귀감이 되고 있을까? 그를 세상 밖으로 끌어낸 데
는 한 재미 언론인의 숨은 노력이 있었다.

　「미주한국일보」 출신의 한우성 기자는 취재 과정에서 우연히
'김영옥 대령'의 삶을 알게 됐다. 1997년 2월, 한우성은 LA에서
자동차로 50분쯤 달려 토렌스에 있는 그의 허름한 사무실로 찾아
갔다. 인사를 건넨 후 한우성은 곧바로 그의 삶을 책으로 쓸 수
있도록 허락해달라고 부탁했다.

　"책으로 쓰일 만한 인생을 살지 않았다."

　김영옥은 한사코 거부했다.

　대화를 시작한 지 1시간 정도가 지나도 별 진전이 없자 한우성
은 책 출간을 단념해야겠다고 생각했다. 떠나기 전에 마지막으로
인사나 드리고 갈 생각으로 한마디 건넸다.

『영웅 김영옥』의 저자 한우성 기자.

"사람은 누구나 세상을 떠납니다. 김 대령님도 마찬가지입니다. 지금까지도 다른 사람들을 위해, 특히 한국인들을 위해 많은 일을 하셨는데 떠나시기 전에 마지막으로 한 번 더 그들을 위해 큰일을 해주십시오."

책상 건너편에 앉아 한우성의 눈을 똑바로 바라보며 잠시 말이 없던 김영옥이 마침내 물었다.

"그 일이 무엇이오?"

"간단합니다. 지금까지 살아오신 이야기를 보다 많은 사람이 알 수 있도록 해주십시오."

순간적으로 짧은 침묵에 잠기는가 싶더니, 김영옥은 이내 거침없이 말했다.

"무엇이든 원하는 대로 하시오."

7년여에 걸친 한우성의 '김영옥 탐구'는 이렇게 시작됐다. 한우성은 미국과 한국은 물론 그가 2차대전 때 참전했던 프랑스와 이탈리아의 시골 마을까지 찾아가 취재를 했다.

나중에 알려진 일이지만 한우성에 앞서 여러 명의 전업 작가가 김영옥의 자서전 집필을 제안했었다. 그들 가운데는 일본에서 문학상을 받은 작가도 있었으며, 다큐멘터리나 극영화 제의도 50차례 정도 들어왔다고 한다.

여러 차례 전쟁에 참가했지만 김영옥은 전쟁광(狂)이 아니었다. 미군 최초의 유색인 장교로서 뛰어난 리더십을 발휘해 휘하 장병들을 거느렸으며, 한국전쟁 때는 과외로 전쟁고아를 돌보기도 했다. 전역 후에는 여성과 아동, 빈민 등 사회적 약자의 수호자로 나서 생애의 마지막을 봉사 활동으로 보냈다.

김영옥은 3·1혁명이 일어난 1919년 미국 LA에서 아버지 김순권과 어머니 노라 고 사이에 장남으로 태어났다. 세 차례의 밀항 끝에 미국으로 건너간 김순권은 이승만이 주도하던 대한인동지회 북미총회의 일원으로 활동했다. 편의점을 운영하며 큰돈을 번 김순권은 적잖은 돈을 독립운동자금으로 내놓았다.

인종차별이 심했던 미국 사회에서 김영옥의 초년기는 순탄치 못했다. 고교 졸업 후 LA시립대학에 들어갔다가 1년 만에 자퇴하고 한동안 방황기를 보냈다. 그 무렵 일본의 진주만 공습으로 2차대전이 터지자 육군 모병소를 찾았으나 외국인이라는 이유로 거절당했다. 그러다가 1941년 미국 의회에서 아시아계도 징집 대상에 포함시키는 법이 통과되면서 미 육군 병사로 입대했다. 그의 나이 22살 때였다.

처음엔 사병으로 입대했으나 한 장교의 권유로 육군 장교후보

이탈리아 전선의 바다(bada) 지역으로 진군하고 있는 병사들. 앞줄 오른쪽에서 두 번째가 김영옥이다.

생학교에 입교했다. 그곳에서 3개월 간의 훈련을 마치고 소위로 임관한 김영옥이 처음 배치받은 부대는 일본계 2세들로 편성된 이른바 '100대대'였다. 이 부대는 하와이의 젊은 일본계 이민자들이 반미행동을 할 것을 우려하여 미군이 만든 사실상의 '인질부대'였다. 김영옥은 100대대 B중대 2소대장을 맡았다.

이후 미 육군 34사단 133연대에 배치돼 북아프리카를 거쳐 이탈리아 전선에 투입되었다. 이탈리아 볼투르노 강 전투에서 첫 공을 세운 것을 시작으로 대낮에 적진 한복판에 가서 독일군 2명을 생포해왔다. 김영옥은 지도를 한번 보면 해당 장소의 지형을 완벽하게 외워버리는 탁월한 능력을 갖고 있었다.

그는 생포한 독일군으로부터 독일군 사단의 위치를 파악해냈다.

이탈리아 전선에서 마크 클라크 이탈리아 주둔 미군사령관으로부터 은성무공훈장을 받고 있는 김영옥(1944년).

이 정보를 토대로 연합군은 '버팔로 작전'으로 명명된 총공격을 감행하여 독일군의 포위망을 무력화시키는 동시에 로마 해방을 앞당기는 데도 큰 공을 세웠다.

로마 전선에 투입됐을 때 김영옥은 기발한 아이디어로 전쟁을 승리로 이끌었다. 보병장교인 그는 산악전을 승리로 이끌기 위해 독일제 망원경을 활용해 적의 위치를 정확하게 파악한 후 포병군단의 화력을 십분 활용했다. 대대급 보병부대가 포병군단의 지원을 요청한다는 것은 상상하기 어려운 일이었다. 그는 아군식별용 등판(주황색)을 지급해 아군의 피해도 최소화시켰다.

이후에도 김영옥은 기상천외한 전략으로 독일의 방어선이었던 구스타프 라인과 고딕 라인 붕괴에 혁혁한 공을 세웠다. 특히 피사 전투에서는 세계적인 문화재인 '피사의 사탑'이 피해를 입지 않도록 노력했다. 오늘날 피사의 사탑이 제 모습을 유지하고 있는

은성무공훈장을 받은 후 로버트 패터슨 미국 전쟁성 부장관(앞줄 오른쪽), 마크 클라크 이탈리아 주둔 미군사령관과 함께 의장대 사열 중인 김영옥(1944년).

데는 김영옥의 공이 적지 않다.

이탈리아 전선에서의 활약으로 김영옥은 미국 은성무공훈장(2등급)을 받았다. 당시 이탈리아 주둔 미군 최고사령관 마크 클라크 중장은 훈장수여식에서 행정착오로 최고 무공훈장을 주지 못한 것에 대해 사과하면서 그 자리에서 대위로 진급시켰다. 이탈리아 역시 로마 해방 직후 동성무공훈장을 수여했다가 전쟁이 끝난 뒤 다시 공훈심사를 해 최고무공훈장인 십자무공훈장을 수여했다.

이탈리아 전선 참전 후 김영옥은 다시 남프랑스 전투에 투입되었다. 그가 속한 부대는 브뤼에르와 비퐁텐이란 두 마을을 해방시키는 데 앞장섰다. 그의 흔적을 찾아 비퐁텐 마을을 찾았던 한우성은 마을 성당의 현관 옆에 김영옥의 이름을 넣은 작은 동판을 새겨둔 것을 확인했다. 그 마을에는 아직도 '카피텐 김(김 대위)'을

간호사였던 김영옥의 아내는 남편이 이탈리아 전선에서 부상당했다는 전보를 받고 간호장교 신분으로 날아가 2차대전 당시 나치와 싸운 유일한 한국인 부부가 됐다.

기억하는 사람들이 있었다고 한다.

비퐁텐 전투에서 부상을 당해 후송된 김영옥은 치료를 받던 중 종전 소식을 접했다. 1944년 말 고향 LA에 돌아온 그는 장기복무 제안을 거절하고 사업가의 길로 나섰다. 그가 경영한 세탁소는 한국인 특유의 성실함을 바탕으로 나날이 성장했으며, 얼마 뒤에는 여러 명의 직원을 거느릴 정도로 규모도 커졌다.

그런데 또 하나의 전쟁 소식이 전해졌다. 한국전쟁이 터진 것이다. 김영옥은 사업을 접고 대위 계급으로 자원입대했다. 그는 1951년 1·4후퇴 때 남쪽으로 내려온 피난민 중에서 선발한 자들로 구성한 유격대를 지휘하며 정보수집 업무를 맡았다. 이 임무를 마친 후 보병 7사단 31연대의 정보참모로 부임했다.

1951년 4월, 31연대가 17연대와 임무교대를 하자 중공군의 춘

한국전쟁 참전 당시 미군 31연대 1대대장 시절의 김영옥 소령(왼쪽).

계 공세가 개시되었다. 31연대는 다시 소양강을 건너 철수했는데 그에게 미군 및 한국군의 철수를 엄호하기 위해 인제군 계운동 계곡의 다리를 지키라는 명령이 내려졌다. 그는 전차 1개 소대를 이끌고 임시 방어선을 구축하여 아군이 무사히 후퇴할 수 있도록 지원했다.

1951년 10월, 그는 소령으로 진급하여 1대대 대대장이 되었다. 미군 역사상 최초의 아시아계 보병 대대장이었다. 그 무렵 31연대의 사기는 최악이었다. 1950년 12월, 장진호 전투 때 흥남으로 철수하면서 연대장까지 전사하는 등 큰 패배를 당한 쇼크 때문이었다. 그는 부대원들의 사기를 높이기 위해 위험한 모험도 서슴지 않았다. 그가 대대장 지휘권을 부여받은 지 이틀 만인 5월 25일 강원도 홍천 인근 금병산 전투에서 있었던 일이다. 중공군 진지를 향해 다가가던 미군 병사들이 중공군의 총격이 시작되자 산비탈로 뛰어 내려가 머리를 은폐물에 처박았다. 병사들은 잔뜩 겁을 집어먹은 채 허공을 향해 방아쇠를 당겼다. 뒤에서 그가 아무리 독전해도 소용없었다. 결국 그가 나섰다.

영옥도 팔짱을 낀 채 론스포드 중위와 보조를 맞춰 능선 위를 걸었다. 둘이 그 상태로 능선 위를 왔다 갔다 하는 동안 론스포드 중위는 계속 병사들을 독전했다.

"너희들, 머리를 처박고 어떻게 총을 쏘나? 적을 보고 총을 쏴야 맞출 것 아냐? 능선 위로 눈이라도 올려놔야 제대로 총을 쏠 것 아냐?"

"너무 위험합니다."

"그렇게 위험하면 나나 김 대위님은 어떻게 아직도 살아 있나?"

영옥은 일부러 웃음까지 띠고 론스포드 중위와 병사들의 대화를 지켜봤다. 자신들의 총격을 비웃듯 적군 장교 두 명이 팔짱을 낀 채 능선 위를 걸어서 왔다 갔다 하는 모습에 당황했는지 중공군 일부는 산 아래에서 비탈을 따라 공격해오는 2대대를 향해 총을 쏘기도 하고 일부는 영옥과 론스포드 중위를 향해 총을 쏘기도 했지만 총탄은 계속 둘을 비켜갔다.

_ 한우성, 『영웅 김영옥』, 북스토리, 2005, 410~411쪽.

김영옥의 이런 모습을 본 미군 병사들은 그제야 머리를 내밀고 적을 향해 총을 쏘기 시작했다. 눈이 휘둥그레진 중공군은 사격을 멈추고 도망쳤다.

1951년 5월 하순~6월 초순경, 유엔군 3차 반격 당시 김영옥은 미 육군 31연대 1대대를 이끌고 반격의 견인차가 되었다. 이후 탁월한 전술로 수안산 전투, 구만산 전투, 탑골 전투 등 잇따른 전투에서 연전연승을 거두었다. 그의 노력으로 중부전선을 북으로 60킬로미터나 올리는 데 성공했는데 휴전회담과 함께 이 전선은 고착되었고 오늘날 휴전선이 되었다.

1952년 9월 미국으로 귀국한 김영옥은 미군에서 여러 보직을 맡았다. 1956년까지 포트 베닝 소재 미국 육군보병학교에서 교관으로 근무했으며, 1956년~1959년까지는 독일 주둔 미7사단 86연대 2대대장으로 근무했다. 1959년 중령으로 진급한 후 캔자스 주 포트 리브에서 교관으로 근무하다 1963년~1965년까지 미 군사고문단(KMAG)의 일원으로 한국에 파견됐다.

2년 동안 미 군사고문단으로 근무하면서 그는 한국군 현대화에 크게 이바지했다. 전시 방어 체제, 예비병력 동원 체제, 청와대 방어 전략 등을 고안했으며 특히 영공 방어를 위한 대공미사일부대 창설을 군사고문단에 건의하여 호크 미사일부대 창설의 산파 역할을 했다. 1965년 대령으로 진급한 그는 유럽과 하와이 등에서 근무하다 1972년 대령으로 전역했다.

그는 군인으로서 뛰어난 전략가였으며, 지휘관으로서도 훌륭한 인품의 소유자였다. 여러 전투에서 세운 공로로 진급과 서훈 기회가 수없이 많았음에도 이에 연연하지 않았다. 그가 별을 달고자 했다면 별을 몇 개 달고도 남았을 것이나 번번이 동료에게 공을 돌렸다.

김영옥이 한국전쟁 때 야전부대 대대장으로 근무하면서 대대 차원에서 돌봤던 서울 '경천애인사'의 전쟁고아들(1952년).

혁혁한 전공과는 별개로 김영옥은 미군 전투교본을 다시 쓰게 한 '전설적인 작전장교'로 기록돼 있다. 그가 소대장 시절 일본계 미군들을 훈련시키며 창안한 분대별 이동사격 방식은 한국전쟁 후 미 육군이 정식으로 채택해 사용했다. 또 1950년대 후반 나토 (NATO)군 주축의 미7군 작전장교 시절에 창안한 사단 훈련법 역시 미군이 걸프전 직전까지 계속 사용했다.

1972년 전역과 함께 그는 새로운 삶을 시작했다. 그는 여생을 사회봉사 활동에 몸 바치기로 마음먹었다. 이탈리아 전선에서 "살 아남는다면 사회를 위해 일생을 바치리라."고 했던 맹세를 지킨 것이다. 앞서 한국전쟁 참전 당시에도 그는 '경천애인사'라는 보육 원을 세워 전쟁고아들을 돌봤다. 한창 많을 때는 이곳의 고아들이 500여 명에 달했다고 한다.

이때의 경험을 되살려 그는 지역 사회에서 사회봉사 활동을 계속했다. LA의 한인건강정보센터, 한미연합회, 한미박물관 등이 그의 노력으로 탄생했다. 이밖에도 그는 인종차별 철폐 운동과 미국에서 가정 폭력을 당한 아시아계 여성들을 위한 '아시안 여성 포스터 홈'을 설립했다.

1999년 캘리포니아 주에서 일본군 위안부 법률안이 발의됐을 때 적극 지원하여 법안 통과에 크게 이바지했으며, 그해 '노근리 양민학살사건' 조사 담당자로 참여하여 진상규명에 힘을 보탰다. 미국으로 돌아와서는 미국 내 한인봉사단체에 거액을 기부하여 어려운 한인 교포들을 돌보는 데도 일조했다. 그가 사회봉사를 통해 남긴 업적은 전쟁 영웅으로 남긴 무공보다 결코 가볍지 않다.

김영옥의 이름이 한국에 알려지기 시작한 것은 2005년 2월, 프랑스 최고 훈장인 '레지옹 도뇌르' 훈장을 받은 것이 계기가 됐다. 프랑스 정부는 1944년 그가 미 육군 442연대 100대대 작전참모로 전투에 참가해 프랑스 동북부 보주산맥 인근의 브뤼에르와 비퐁텐 지역을 해방시킨 공로를 전후 60년 만에 재평가하여 최고무공훈장을 내린 것이었다.

반가운 소식은 계속됐다. 2009년에 LA 시내에 개교한 센트럴 중학교가 그의 이름을 따서 '영옥 김 아카데미'라고 명명된 것이다. 또한 미국 리버사이드 캘리포니아 주립대학은 2010년 '김영옥 재미동포연구소'를 개설했으며, 이듬해 한국 초등학교 5학년 국어 교과서에 그를 소개하는 내용이 실렸다. 세종대왕, 이순신 등과 함께 위대한 한국인의 한 사람으로 교과서에 등장한 것이다.

김영옥의 이름을 딴 LA의 '영옥 김 아카데미' 중학교와 학교 로고.

2011년 미국 포털사이트 MSN은 미국 역사상 최고의 '전쟁영웅 16명'을 선정, 발표했다. 그중에는 미국 독립전쟁의 영웅이자 초대 대통령인 조지 워싱턴, 남북전쟁을 승리로 이끌어 미국을 분단 위기에서 건진 그랜트(18대 대통령), 2차대전 승리의 주역 아이젠하워(34대 대통령), 걸프전 당시 미군사령관을 지낸 슈워츠코프 등이 포함됐는데, 외국계로는 유일하게 김영옥이 올랐다.

미국의 최고 전쟁 영웅이란 단순히 여러 전쟁에서 무공을 세운 사람만을 지칭하는 차원이 아니다. 미국의 건국과 남북전쟁이라는 분단 위기를 극복하고 통일국가를 건설하는 과정에서 큰 공로가 있거나 양차 세계대전에서 연합군의 승리를 이끌어 미국이 오늘날의 초강대국으로 부상하는 데 최고의 공헌을 한 인물들을 의미한다. 미국인으로서는 최고의 영예인 셈이다.

한국전쟁 당시 김영옥이 지휘했던 31연대 1대대는 유엔군 9군단의 최선봉 부대로 화천 이북까지 진격했다. 그런데 진격 속도가 너무 빨라 유엔군이 그의 부대를 적으로 오인해 쏜 포탄에 그가

2011년 MSN이 선정한 미국 역사상 최고의 전쟁영웅 16인(참전 연대순).

	이름	선정 이유
1	조지 워싱턴 (George Washington, 1732~1799)	초대 대통령, 독립전쟁 총사령관
2	너대니얼 그린 (Nathanael Greene, 1742~1786)	독립전쟁 장군
3	로버트 리 (Rpbert E. Lee, 1807~1870)	남북전쟁 남군 사령관
4	필립 커니 (Philip Kearny, 1815~1862)	미/멕시코 전쟁영웅, 남북전쟁 북군 장군
5	율리시스 그랜트 (Ulysses S. Grant, 1822~1885)	남북전쟁 북군 사령관, 18대 대통령
6	조지 커스터 (George A. Custer, 1839~1876)	남북전쟁 북군 장군
7	P. G. T. 뷰리가드 (P. G. T. Beauregard, 1818~1893)	남북전쟁 남군 장군
8	드와이트 아이젠하워 (Dwight D. Eisenhower, 1890~1969)	2차 대전 연합군 남서태평양 사령관, 한국전쟁 유엔군 사령관
9	더글러스 맥아더 (Douglas Macarthur, 1880~1964)	2차 대전 연합군 남서태평양 사령관, 한국전쟁 유엔군 사령관
10	오디 머피 (Audie Murphy ,1924~1971)	2차 대전 영웅, 영화 「지옥의 전선」 주인공
11	조지 패튼 (George S. Patton, 1885~1945)	2차 대전 미군 전차 지휘관
12	윌리엄 딘 (Willian F. Dean, 1899~1981)	한국전쟁 미24사단장
13	김영옥 (1919~2005)	2차 대전, 한국전쟁에 미군 장교 참전
14	존 매케인 (John McCain, 1936~)	베트남전 전투기 조종사, 상원의원
15	존 케리 (John Kerry, 1943~)	베트남전 해군 장교, 상원의원
16	노먼 슈워츠코프 (Norman Schwarzkoof, 1934~)	걸프전 미군 사령관

맞았다. 다행히 목숨은 건졌으나 그때 입은 중상으로 무려 40차례
나 수술을 받았다. 게다가 심한 후유증으로 오랫동안 한쪽 다리를
절었다.

말년에 걸린 방광암은 더 큰 고통을 주었다. 여러 차례 수술을
받았으나 김영옥은 끝내 회복하지 못하고 2005년 12월 29일 LA
의 한 병원에서 숨을 거뒀다. 그의 유해는 하와이 호놀룰루 근처

펀치볼 국립묘지의 100대대 묘지 근처에 전우들과 함께 묻혔다.

　노병의 육신은 사라졌지만 그가 위대한 공훈과 숭고한 희생정신은 뚜렷이 기록되어 후세에 전하고 있다. 그는 평소 "나는 100% 한국인이며 100% 미국인"이라고 말하곤 했다. 국적은 미국이었으나 그는 분명 자랑스러운 한국인이다.

19

독재자의 오른팔은
어떻게 최후를 맞았나

박정희에게 맹종하던 전직 중앙정보부장 김형욱의 죽음과 진실

10·26 사태 열흘 전인 1979년 10월 16일. 석간 「동아일보」
1면에 파리 특파원발 기사가 실렸다.

전 중앙정보부장 김형욱(金炯旭) 씨가 지난 7일 오전 10시경
파리 샹젤리제 근처의 웨스트엔드 호텔방을 예약하고 짐을
두고 나간 뒤 16일까지 소식이 끊어진 채 행방이 묘연하다.
김씨는 지난 7일 예고도 없이 웨스트엔드 호텔에 들러 예약을
한 다음 407호실에 짐을 놓고 나간 후 소식이 끊어졌다. 호텔
측은 김씨가 5일 간의 예약 기간이 다 된 12일 오전까지 나타
나지 않아 김씨의 방을 챙기던 중 방바닥에 카지노 '르 그랑
세르클'의 안내장이 떨어져 있는 것을 발견…… 김씨 가족들

김형욱 실종 사건을 최초 보도한
1979년 10월 16일자 「동아일보」
기사.

이 호텔과 카지노에 전화를 여러 차례 걸어 찾고 있는데도 파
리에 온 지 9일 동안이나 소식이 끊긴 채 전화 한번 없는 것으
로 봐 김씨가 부자연스런 상태에 있는 것으로 짐작되고 있
다……

   '김형욱 실종 사건'의 제1보였다.

   박정희 정권 시절, 나는 새도 떨어뜨린다는 중앙정보부(중정) 부
장을 지낸 김형욱은 프랑스 파리에서 어느 날 갑자기 실종됐다.
그는 체류하고 있던 뉴욕에서 왜 갑자기 파리로 날아갔을까? 또
실종 이후에는 어떻게 됐을까? 김형욱 실종 사건은 오늘날까지
한국 현대사의 커다란 미스터리 가운데 하나로 남아 있다.

김형욱은 1925년 황해도 신천 태생으로 '박정희 정권의 영원한 2인자'였던 김종필과 같은 육사 8기생 출신이다. 5·16쿠데타 당시 현역 중령 신분으로 가담했고, 이후 국가재건최고회의(의장 박정희) 최고위원으로 군사정권에 참여했으며, 김재춘에 이어 제4대 중앙정보부장에 취임했다.

초대 김종필(1년 8개월), 2대 김용순(2개월)에 이어 3대 김재춘도 불과 5개월밖에 지키지 못한 중앙정보부장 자리를 김형욱은 무려 5년 3개월(1963년 7월~1969년 10월)을 지켰다. 그는 박정희를 위해서라면 물불 가리지 않고 밀어붙여서 '곰', '멧돼지'라는 별명을 얻었다. 그 때문에 중정 부장 시절 박정희의 신임이 두터웠다.

1969년 10월 중정 부장 자리에서 물러난 김형욱은 1971년 7월 제8대 국회의원(공화당 전국구)이 되어 활동하다 1972년 10월 17일 이른바 '10월 유신' 선포로 국회가 해산되자 야인 신세로 전락했다. 권좌에서 밀려난 그는 중정 부장 시절 자신의 치부가 드러날 것을 우려한 데다 박정희에 대한 두려움 때문에 결국 한국 탈출을 결심했다.

1973년 4월 15일 김형욱은 대만대학에 박사 학위를 받으러 간다며 중정 부장 시절 비서실장이었던 문학림을 데리고 대만을 거쳐 미국 뉴욕으로 도망쳤다. 이후 그는 미국 현지에서 박정희 정권을 비난하는 각종 '반(反)박정희' 활동을 전개했다. 박 정권의 주구 노릇을 하던 장본인이 하루아침에 '반한(反韓) 인사'로 둔갑을 한 것이다.

1977년 박정희 정권의 미 의회 부정로비사건, 이른바 '코리아게

중앙정보부 재임 시절 박정희(오른쪽)
의 신임이 두터웠던 김형욱.

이트(일명 박동선 사건)'가 터졌다. 1976년 10월 25일 「워싱턴포스트」
는 박정희 대통령으로부터 지시를 받은 재미 실업가 박동선이 미
의회 의원들과 정부 관리들에게 해마다 50~100만 달러를 정치자
금으로 제공했다고 폭로했다. 당시 박정희 정권은 주한미군 감축
보완책 및 한국군 현대화 추진을 위해 미 의회 로비가 절실했던
상황이었다. 이 사건으로 박동선은 뇌물 제공 등의 혐의로 기소되
었으며, 세 차례에 걸쳐 미 의회의 증언대에 섰다.

이 사건과 관련해 김형욱은 미국 연방 하원에서 구성한 '프레이
저 청문회'에 증인으로 채택됐다. 청문회에 출석한 김형욱은 박정
희 정권의 각종 비리와 흑막을 폭로해 정권을 궁지로 몰고 갔다.
이 일로 김형욱은 박정희에게 눈엣가시 같은 존재가 되었다.

김형욱은 자신이 알고 있는 박정희 정권의 비리를 회고록으로
집필하면서 박정희 정권과 '거래'를 하기도 했다. 재미언론인 고
(故) 문명자에 따르면, 박정희 정권은 김형욱에게 "회고록을 출간
하지 않는 대가로 500만 달러를 주겠다."고 제안하고 100만~150

『김형욱 회고록』 표지.

만 달러를 선불로 지불했다고 한다. 김형욱은 잔금을 받으러 파리에 갔다가 실종됐다는 것이다.

또 다른 기록에 따르면, 실제로 박정희 정권은 김형욱이 회고록을 출간하려 한다는 정보를 입수하고 윤일균 당시 중정 차장(해외담당)과 이용운 전 해군 제독 등 그와 친분이 있던 인사들을 밀사로 미국에 보내 회고록을 출간하지 않는 대가로 150만 달러를 제공하고 여권 보장 등 구체적인 조건을 놓고 막후협상을 벌였다고 한다.

김형욱의 명을 재촉한 회고록은 그가 실종된 이듬해인 1980년 12월에 일본에서 출간되었다. 『권력과 음모』라는 거창한 제목을 달고 있었으며, 필자는 박사월이었다(박사월은 당시 뉴욕에 체류하고 있던 김경재 전 민주당 의원의 필명이었다). 김형욱 회고록은 5·16쿠데타를 비롯해 박정희 정권 시절의 온갖 비화들을 담고 있어 국내에서도 큰

재미언론인 문명자.

화제를 모았다. 한 비공식 통계에 따르면 당시 300만 부 가량 팔리는 기염을 토했다고 한다.

10·26 사태로 박정희가 죽은 후 김형욱 사건에 대해 다양한 주장이 제기됐다. 사건 당시 파리 특파원을 지낸 언론인들이나 정치권 일각에서 각종 의혹을 제기했다. 어떤 이는 김형욱이 프랑스에서 중정 요원들에게 납치돼 살해됐다고 했고, 어떤 이들은 한국으로 끌려와 청와대 지하실에서 박정희가 쏜 총에 맞아 죽었다고도 했다. 그러나 뚜렷한 물증이나 신뢰할 만한 증언은 없었고 소문만 무성했다.

사건이 다시 세간의 화제가 된 것은 1999년이었다. 그 무렵 필자는 「조선일보」·「동아일보」·「경향신문」·MBC 워싱턴특파원으로 근무하면서 백악관을 출입했던 문명자(文明子, 2008년 작고)라는 재미언론인을 알게 되었다. 문명자는 중국의 등소평, 북한의 김일성·김정일 부자를 단독 인터뷰를 할 정도의 거물급 기자였는데, 박정희 정권에 비판적인 보도를 한 것이 화근이 돼 박 정권 기간에는 한국 입국이 금지됐었다.

당시 문명자는 고희를 앞두고 회고록 『내가 본 박정희와 김대중-워싱턴에서 벌어진 일들』(월간 말, 1999) 출간 차 한국을 가끔 찾아오곤 했었다. 문씨의 회고록에 이슈가 될 만한 내용이 담겨 있음을 알게 된 필자는 책 출간에 앞서 원고의 요약본을 당시 필자가 근무하던 「대한매일(현 서울신문)」에 연재하면 어떻겠냐고 제안했다. 회사 측과 문씨 측이 모두 흔쾌히 동의하여 10회에 걸쳐 연재를 했다.

회고록에는 놀라운 내용이 한둘이 아니었다. 5·16과 미국과의 관계, 황태성 사건, 정인숙 피살사건, 김대중 납치사건, 박정희의 스위스은행 비자금, 코리아게이트 등 하나같이 한때 한국사회를 뒤흔든 굵직굵직한 사건들에 관한 것이었다. 그중에서도 필자의 눈을 사로잡은 것은 '김형욱 납치 사건'이었다. 내용이 아주 구체적일 뿐더러 증언자도 전직 국무총리인 정일권이라는 점에서 신뢰할 만했다.

연재 첫 회로 김형욱 실종 사건을 다뤘는데 독자들의 반응은 폭발적이었다. 연재 첫 회분 기사의 일부를 옮겨보자.

김형욱이 어떻게 최후를 맞았는가에 대해서는 여러 가지 설이 있다. 우선 중앙정보부가 파리에 온 김형욱을 납치, 살해한 후 센 강에 버렸다는 설도 있었고, 또 산 채로 짐짝처럼 포장

언론인 문명자의 회고록
『내가 본 박정희와 김대중』
표지.

해 KAL기에 실어 서울로 데려갔다는 설도 있다.

그 무렵 우리 사무실에 프랑스어로 된 익명의 편지가 날아들었는데 그 내용은 김형욱이 KAL기 짐칸에 실려 갔다는 것이었다. 나는 미국의 한 항공사 화물부에 문의를 해보았다.

"사람을 짐짝처럼 싸서 운송하는 것이 가능합니까?"

"산소가 부족해 호흡이 곤란하고 온도·습도가 낮아 사람이 짐칸에서 파리~서울 간 15시간을 버틴다는 것은 도저히 불가능합니다."

이래저래 취재는 벽에 부딪쳤고 나는 김형욱의 사인 규명을 거의 포기했다.

그런데 1980년대 초 나는 뜻밖의 루트를 통해 김형욱의 사인에 대한 상당히 정확한 정보에 접하게 되었다. 발설자는 정일권 전 국무총리였다. 그는 유럽을 여행하던 중 파리에서 자신이 신뢰하는 모 인사(본인의 요청으로 신분을 밝힐 수 없음)에게 다음과 같이 말했다고 한다.

"잔인하다, 잔인하다 했지만 박정희가 이렇게 잔인할 수 있나. 잘못했다고 비는 김형욱이를 자동차에 실어 그대로 폐차장에 밀어 넣어버렸다네."

그의 말에 따르면, 산 채로 서울로 납치해 간 김형욱을 차지철이 경복궁에서 청와대로 이어지는 지하벙커를 통해 박정희 앞에 대령했는데 김형욱이 박정희에게 "잘못했습니다. 죽여주십시오."하고 빌었다는 것이다.

정일권의 말대로라면 김형욱은 폐차장 압착기 아래서 최후를 맞았다는 얘기가 된다. 정일권의 입장에서 보면 김형욱은 자신을 대통령으로 옹립하려던 '이북파 최측근'이었으니 분개할 만도 했을 것이다.

나는 이 같은 사실을 정일권 본인을 통해 거듭 확인한 바 있다. 지난 1986년 한국을 방문했을 때 하얏트호텔에서 정일권을 만난 자리에서 나는 이렇게 물어보았다.

"김형욱이가 서울로 잡혀 와서 비참하게 죽었다는 얘기를 한 적이 있으시다는데 사실인가요?"

"예, 내가 그런 얘기를 한 적이 있습니다. 그것은 사실입니다."

_「서울신문」, 1999년 10월 5일자.

전 국무총리 정일권의 증언대로라면 김형욱은 파리에서 실종된 후 서울로 붙잡혀와 청와대 지하벙커에서 박정희와 대면했다. 김형욱은 살려달라고 애원했으나 박정희는 이를 들어주지 않았고, 김형욱은 박정희 수하들에게 모 폐차장 압착기에 깔려 비참한 최후를 맞았다는 것이다.

그로부터 한 달여 뒤 MBC '이제는 말할 수 있다' 팀이 일본 유력 일간지 간부의 증언을 토대로 "김형욱은 제네바에서 살해당한 후 파리로 옮겨져 한국으로 운반됐다."고 보도했다. 파리에서 납치돼 한국으로 이송된 것은 정일권의 증언과 유사하지만 한국 도착 전에 프랑스에서 살해됐다는 점은 큰 차이라고 하겠다.

「서울신문」과 MBC 보도 이후 이 사건은 다시 한동안 세인의 관심에서 멀어졌다. 이 사건이 다시 언론에 등장한 것은 2005년 4월 시사 주간지 「시사저널」(808호)이 전(前) 중앙정보부 특수공작원 출신 이모씨의 증언을 보도한 것이 계기가 됐다. 이씨는 자신이 "(김형욱을) 파리 시내에서 납치해 마취시킨 후 외곽으로 끌고 가 양계장 분쇄기에 집어넣어 닭 모이로 처리했다."고 주장했다. 살해 당사자의 증언인데다 '폐차장 압착기 살해설' 만큼이나 끔찍하고 충격적인 내용이었다.

「시사저널」 보도가 나온 지 한 달쯤 뒤인 2005년 5월 26일 국정원 과거사진실위원회(진실위)는 자체 조사를 통해 김형욱 실종 사건의 중간수사 결과를 발표했다. 위원회는 "김재규 당시 중앙정보부장의 지시로 프랑스에 있던 중앙정보부 요원들과 이들이 고용한 제3국인에 의해 납치, 살해돼 파리 근교에 버려졌다."며 제3국인 개입 및 살해 후 '파리 유기설'을 주장했다. 진실위의 발표 내용 일부를 옮겨보자.

1979년 10월 7일, 김형욱은 파리 시내 리도극장 근처에서 파

「시사저널」 808호 표지.

리 주재 한국대사관의 이상열 공사를 기다리고 있었다. 파리 카지노에서 돈을 잃은 김형욱은 중정 부장 시절 부하로 있던 이 공사에게 돈을 꿔달라고 부탁했고, 김형욱은 그를 기다리던 중이었다. 얼마 후 관용차 푸조 604를 타고 도착한 이 공사는 "돈을 빌려줄 사람을 데려왔다."며 김형욱을 옆 조수석에 태웠다. 당시 이 차에는 유럽인 2명이 뒷좌석에 타고 있었고, 이 공사의 한국인 부하라는 신현진(가명)도 타고 있었다.

차가 시내를 벗어나 외곽순환도로를 건널 무렵 뒷좌석에 탔던 유럽인이 김형욱의 머리를 둔기로 내려쳤고, 김형욱은 이내 쓰러졌다. 차가 외곽으로 완전히 벗어나 인적이 드문 곳에 도착하자 유럽인 2명은 실신한 김형욱을 끌고 숲속으로 사라졌는데, 잠시 후 일곱 번의 총소리가 들렸다. 유럽인들은 김형욱의 버버리 코트, 시계, 여권, 지갑 등을 챙긴 뒤 주변의 낙엽

으로 그의 시체를 처리했다. 이들은 시내로 들어와 중정 연수

생 이만수(가명)로부터 10만 달러가 든 가방을 전달받았다.

　발표 당시 진실위는 국정원 존안 자료, 공판 기록, 군 수사 기록 등은 물론 사건 당시 중정 파리 주재 거점요원, 연수생 등, 심지어 전두환 전 대통령도 조사했다고 밝혔다. 그러나 진실위의 발표 내용은 오히려 의혹을 키운 꼴이 돼버렸다. 우선 신현진(가명)은 사건 현장의 목격자 가운데 한 사람이었으나 사체 유기 장소에 대해 밝히지 않았으며, '현장 책임자'랄 수 있는 이상열 공사에 대해서도 별 성과를 거두지 못했다.

　사건 당시 「중앙일보」 파리 특파원을 지낸 주섭일은 진실위의 발표에 대해 "여러 가지 정황으로 봐 믿기 어렵다."고 밝혔다. 주섭일은 사건이 발생하자 이 사건을 수사한 프랑스 경시청을 현지에서 직접 취재했는데, 당시 프랑스 경시청은 카르타 형사부장을 본부장으로 하는 수사본부를 차려 4개월 간 수사를 진행했으며, 프랑스뿐만 아니라 미국, 프랑스 정보기관의 협조를 받아 입체적인 수사를 했다고 밝혔다.

　언론과 국가기관까지 나서서 김형욱 실종 사건의 진상을 추적, 조사를 벌였으나 별다른 진척을 보이지 못한 채 다시 3년이 흐른 2008년, 이번에는 월간지 「신동아」가 다시 사건을 거론했다. 「신동아」는 2008년 4월호에서 30년 이상 외사경찰로 근무해온 윤모(당시 72살) 씨의 증언을 실었는데, 김형욱은 김포공항을 통해 국내로 압송돼 온 후 (김재규의 지시로) 폐차장에서 최후를 맞았다는

「신동아」 2008년 4월호 기사.

것이었다. 기사 일부를 옮겨보자.

비행기에서 승객이 다 내린 뒤 얼마 지나서 얼굴에 검은 자루
가 씌워진 사람이 따로 내렸다. 양복을 입은 두 사람이 양쪽에
서 부축하고 있었다. 이들은 비행기 바로 옆에 대기 중이던 검
은 세단에 그 사람을 구겨 넣고 사라졌다.

윤씨는 이 얘기를 김포공항에 나가 있는 외사요원에게 직접
들었다고 했다. 그가 특이동향 보고를 하면서 "김형욱이 들어
온 것 같다."고 귀띔했다는 것.

그날 밤 관련 내용을 정보보고서에 담아 외사관리관에게 결
재를 올렸다. 보고서 밑에 '열람 후 즉시 파기'라고 적었다.

'김형욱'이라고 이름을 적지는 않았다. 일주일쯤 지나 김형욱이 실종됐다는 얘기가 나왔다.

그날 김형욱을 태우고 김포공항에 도착한 문제의 비행기는 스위스 취리히에서 출항한 대한항공 여객기였다고 한다. 취리히는 김씨의 예금 계좌가 있었다고 알려진 곳이다. 윤씨는 "(김형욱을) 마취시킨 후 기내식 창고 같은 곳에 숨겨 데려왔을 것"이라고 추측한다. 그는 또 "김형욱 제거는 김재규의 작품"이라고 단언했다. 청와대 지하실에서 박정희 대통령이 총으로 쏴 죽였다는, '박정희 살해설'에 대해서는 "무식한 소리"라고 일축했다.

윤씨는 김형욱의 최후에 대해 이렇게 전했다.

김형욱이 서울로 납치돼 온 뒤 김재규가 담당에게 '어떻게 됐느냐'고 확인했다. 담당 요원은 '혼수상태에 빠진 김형욱이 탄 차를 폐차장 압축장치 속에 밀어 넣었다'고 보고했다.

_「신동아」, 2008년 4월호.

전체적으로 재미언론인 문명자의 증언과 비슷하다. 김형욱이 서울로 압송돼 와서 중앙정보부 사람들에 의해 폐차장에서 깔려 죽었다는 사실은 공통점이다. 다만 이런 내용을 문명자는 '발설자'인 정일권으로부터 직접 들었고, 윤모 씨는 동료 외사경찰에게 전해 들었다는 점은 차이점이다.

특정인을 항공기로 '압송'하는 일은 꼭 짐칸이 아니라도 가능한 것으로 알려졌다. 2007년 대선 당시 'BBK 의혹'의 핵심인물인 김

김형욱 실종 사건의 배후인물로 지목된 전 주불대사관 공사 이상열.

경준이 대선을 한 달여 앞두고 전격 입국해 '기획입국' 논란이 일었다. 당시 언론보도에 따르면, 김경준은 미국 LA에서 13시간의 비행시간 동안 승무원 전용 휴게실(일명 '벙커')에 별도로 떨어져 있어 일반인들의 시선을 따돌릴 수 있었다고 한다.

2005년 5월 진실위는 김형욱 실종 사건에 대한 중간조사 결과를 발표하면서 사건의 유력한 배후인물로 이상열(당시 76살) 전 주불대사관 공사를 거론했다. 진실위는 이상열에 대해 세 차례 면담조사를 벌였으나 그가 사건 개입 사실은 부인하지 않으면서도 관련 내용에 대해서는 진술을 거부했다고 덧붙였다.

사건 당시 파리 현지에서 이 사건을 직접 취재한 언론인 주섭일 역시 이상열을 배후인물로 거론했다. 주섭일은 한 언론 인터뷰에서 이렇게 밝혔다.

카르타 수사본부장(당시 파리경시청 형사부장)이 '깜짝 놀랄 만한 한국 고위 외교관'을 소환해 조사했으며, 조사 내용은 김형욱

「중앙일보」주불 특파원 당시 김형욱 실종 사건을 취재한 언론인 주섭일.

사건의 방향을 설정하고 참고하기 위한 것이라고 했다. 나중에 알아보니 이 외교관은 이상열 공사였다. 당초 수사본부는 이 공사를 두 차례 조사할 계획이었는데 본격적인 조사를 앞두고 이 공사가 서울로 가는 바람에 조사가 이뤄지지 않았다. …… 어쨌든 당시 수사본부는 이 공사를 유력한 용의자로 지목하고 강도 높은 수사를 진행한 것으로 봐야 한다. 사건 발생 2주 후 경시청을 찾았다가 김형욱 부인 등 가족을 만났는데 그들도 '이상열 공사에게 물어봐라, 다 알 것이다'고 하더라. 김형욱 부인도 수사본부에 이 공사를 지목했던 것 같다.

_「내일신문」, 2005년 5월 30일자.

이상열은 진실위 조사 과정에서 "'노(NO)'라고 했다고 기록해달라."며 입을 다물었다고 한다. 확언하기는 어렵지만 조사 과정에서 보인 이상열의 태도 등 여러 정황으로 보건대 그가 사건에 개입했을 가능성은 대단히 높아 보인다. 그동안 언론의 무수한 요청

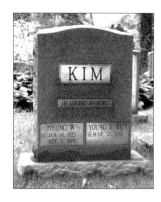

미국 뉴저지에 있는 김형욱의 묘비에는 1979년 10월 7일 사망한 것으로 적혀 있다(2009년 5월, 재미 블로거 안치용 씨 촬영).

에도 불구하고 이상열은 "정보기관 출신은 비밀을 무덤까지 갖고 가야 한다."며 끝까지 사건의 진실에 대해 입을 열지 않은 채 2006년에 지병으로 사망했다. 그렇게 진실은 봉인되었다.

사건 발생 30년 가까운 세월이 흐르면서 유력한 증인이나 관계자들은 대부분 사망했다. 이런 사건이 공식문서로 남아 있을 가능성도 거의 없다. 언론에서도 이 사건은 서서히 잊어가고 국가기관이 나서서 재조사를 할 가능성도 현실적으로 기대난망이다. 사건에 직접 관련됐던 사람이 나서서 양심선언을 하지 않는 한 영구미제 사건으로 남을 가능성이 매우 높다.

물론, 김형욱이 어떻게 죽었느냐 하는 것은 그리 중요하지 않을 수도 있다. 서울 근교의 한 폐차장 압축기 밑에서 깔려 죽었든, 파리 인근 양계장에서 분쇄돼 닭 모이가 됐든 그것은 중요한 문제가 아니다. 그리고 그는 이미 죽었다.

문제는 김형욱이 설사 범법자였다 하더라도 법치국가에서는 법에 따라 죄를 묻고 죄목에 걸맞은 처벌을 했어야 한다는 사실이다. 그러나 여러 정황으로 미루어 보면 김형욱은 독재 권력자의 '린치(lynch, 사적 응징)'로 최후를 맞았을 가능성이 크다. 우리가 이 사건에 관심을 갖고 진실을 규명해야 하는 이유는 바로 거기에 있다.

참고문헌

1. 데이터베이스

대한민국 국회 회의록(속기록) 1948년

2. 단행본

국회도서관,『대한민국임시정부 임시의정원 문서』, 1974.

김득중,『'빨갱이'의 탄생』, 선인, 2009.

김학민·이창훈 공저,『박정희 장군, 나를 꼭 죽여야겠소』, 푸른역사, 2015.

문명자,『내가 본 박정희와 김대중-워싱턴에서 벌어진 일들』, 월간 말, 1999.

박태균,『한국전쟁-끝나지 않은 전쟁, 끝나야 할 전쟁』, 책과함께, 2005.

유한양행,『유한 50년사』, 1976.

이순우,『그들은 정말 조선을 사랑했을까?』, 하늘재, 2008.

이정은,『유관순 - 불꽃 같은 삶, 영원한 빛』, 독립기념관 한국독립운동사연구소, 2004.

정운현,『서울시내 일제유산답사기』, 한울, 1995.

_____,『친일·숭미에 살어리랏다』, 책보세, 2012.

_____,『친일파는 살아 있다』, 책보세, 2011.

한국일보사,『한국일보 40년사』, 1994.

한시준,『한국광복군 연구』, 일조각, 1993.

한우성,『영웅 김영옥』, 북스토리, 2005.

혜문,『How are you? 이순신』, 작은숲, 2012.

혜문,『우리 궁궐의 비밀』, 작은숲, 2014.

3. 논문/기사

구양근, '日本外務省 七等出仕 瀨脇壽人과 外國人顧問 金麟昇', 『한일관계사연구』 7, 한일관계사학회, 1997.

국가보훈처, '기업경영으로 민족자본 형성에 기여한 경영가이자 독립운동가 유일한', 네이버캐스트, 2010.

김삼웅, "'3 · 1혁명'의 정명(正名)을 회복하자", '3 · 1혁명 정명찾기 학술심포지엄', 2015. 4. 23.

김종구, '발굴현대사 인물(8)-김시현', 「한겨레」, 1989. 12. 1.

박원철, '송탄유 가마를 통해 본 일제강점기 삼림침탈과 민중생활', 「경남연구」 제2호, 2010. 6.

양형석, '김시현(1883-1966)의 항일투쟁', 안동대 대학원 학위논문, 1998.

윤경로, '3 · 1절'을 '3 · 1혁명절'로 바꾸자, '3 · 1혁명 정명(正名)찾기 학술심포지엄', 2015. 4. 23.

이순우, '남대문 〈일제 잔재〉 주장 근거 없다', 오마이뉴스, 2005. 11. 10.

이종탁, '진정한 전쟁영웅 〈카피텐 김〉 아십니까?', 「경향신문」, 2005. 7. 10.

정운현, '광복군 독립유공자 가짜 많다', 「월간 말」, 1994년 8월호.

_____, '이승만 우상화(하)-조선일보의 〈이승만 띄우기〉', 보림재, 2011. 6. 14.

_____, "북 인민군 여운형이 특파한 비밀팀 주도로 창설", WIN, 1998년 5월호.

정희상, '내가 김형욱 암살했다', 「시사저널」 808호, 2005. 4. 19.

조성식, '김포공항 〈배달〉된 김형욱, 검은 자루 쓴 채 끌려나왔다.', 「신동아」, 2008년 4월호.

한인섭, '3 · 1운동은 〈3 · 1혁명〉이다', 「한겨레」, 2013. 2. 26.

허종, '1945~1960년 김시현의 통일국가 수립운동과 이승만 대통령 저격사건', 『한국인물사연구』 제10호, 2008년 9월.

묻혀 있는 한국 현대사

초판 1쇄 펴낸 날 2016. 5. 27.
초판 2쇄 펴낸 날 2016. 9. 7.

지은이   정운현
발행인   양진호
책임편집   위정훈
디자인   강영신
발행처   도서출판 인문서원

등 록   2013년 5월 21일(제2014-000039호)
주 소   (121-893) 서울시 마포구 양화로 56 동양한강트레벨 718호
전 화   (02) 338-5951~2
팩 스   (02) 338-5953
이메일   inmunbook@hanmail.net

ISBN   979-11-86542-22-4 (03910)

이 도서의 국립중앙도서관 출판예정도서목록(CIP)은 서지정보유통지원시스템
홈페이지(http://seoji.nl.go.kr)와 국가자료공동목록시스템(http://www.nl.go.kr
/kolisnet)에서 이용하실 수 있습니다. (CIP제어번호: CIP2016011103)